- 教育部人文社会科学研究规划基金项目"乡村振兴战略下家庭农场发展的经营绩效评价与机制优化研究"（编号：19YJA790058）阶段性成果
- 河南省哲学社会科学规划项目"乡村振兴战略背景下河南省生态农业发展模式与对策研究"（编号：2019BJJ054）阶段性成果

乡村振兴战略背景下基层政府绩效管理机制创新研究

刘其涛 著

郑州大学出版社

图书在版编目(CIP)数据

乡村振兴战略背景下基层政府绩效管理机制创新研究/刘其涛著. —郑州:郑州大学出版社,2022.9
ISBN 978-7-5645-9002-4

Ⅰ.①乡… Ⅱ.①刘… Ⅲ.①地方政府-行政管理-研究-中国 Ⅳ.①D625

中国版本图书馆 CIP 数据核字(2022)第 152188 号

乡村振兴战略背景下基层政府绩效管理机制创新研究
XIANGCUN ZHENXING ZHANLÜE BEIJING XIA JICENG ZHENGFU JIXIAO GUANLI JIZHI CHUANGXIN YANJIU

策划编辑	孙保营 王卫疆	封面设计	王　微
责任编辑	吴　静	版式设计	苏永生
责任校对	席静雅	责任监制	李瑞卿

出版发行	郑州大学出版社	地　址	郑州市大学路 40 号(450052)
出版人	孙保营	网　址	http://www.zzup.cn
经　销	全国新华书店	发行电话	0371-66966070
印　刷	郑州宁昌印务有限公司		
开　本	710 mm×1 010 mm　1/16		
印　张	12.5	字　数	220 千字
版　次	2022 年 9 月第 1 版	印　次	2022 年 9 月第 1 次印刷
书　号	ISBN 978-7-5645-9002-4	定　价	49.00 元

本书如有印装质量问题,请与本社联系调换。

前 言

以习近平同志为核心的党中央深刻把握我国农业农村发展规律,提出实施乡村振兴战略,属于解决我国新时代主要矛盾、适应我国新阶段发展要求的重大战略安排。乡村治理是乡村振兴的重要内容也是乡村发展短板,全面准确地把握"自治、德治、法治相结合"的乡村治理体系是破解当前乡村治理体系中存在问题的有效途径。在乡村振兴战略视域下构建新时代乡村治理体系,对于实现乡村治理现代化、全面实现乡村振兴具有十分重要的意义。

进入新时代,我国经济建设业已取得十分显著的成就,人民生活水平得到进一步提高。但不能不承认,随着我国经济社会的快速发展,城乡之间的发展仍不平衡,存在许多亟待解决的矛盾。农业农村农民问题历来是党和国家的工作重点,解决好"三农"问题有利于维护国家和社会的安定团结。因此,要建设社会主义现代化强国,就要振兴乡村,就要按照党的十九大部署走中国特色社会主义乡村振兴道路,加快构建自治、德治、法治相结合的乡村治理体系。新时代乡村治理体系作为乡村振兴战略的重要内容,是党领导人民在社会治理方面的重要创新,能够为解决乡村治理提供全新方案。新时代乡村治理体系符合我国现阶段的基本国情,能够进一步缩小城乡之间的差距,推动我国乡村全面振兴。

党的十八大报告中提到:深入推进政企脱离、政资分开、政事脱离、政社分开,建设职能科学、架构优化、廉洁高效、大众满意的服务型政府。构建绩效型服务政府是现下世界行政改革的一种新趋势,也是我国政府行政职责管理体制改革的重要方面。服务型政府属于发达国家公共管理改革开展的产物,各国政府行政革新的经验表明,以提供公共服务为核心责任的政府是以社会以及公众的需求为导向,依凭服务的绩效质量为标准,将实现政府与公众的良性对应和共同治理为目标的责任政府。服务型政府的治理模式出以往的依凭管制为主转向以提供服务为主,工作重心也已经从对社会资源的管理变为服务公民、服务社会。乡镇政府作为我国的一级基层政府,与广大农民接触最为密切,肩负着农村绝大多数行政工作和社会管理的事宜,对发展农村经济、保障基层政权和实现社会和谐以及稳定起着重要的作用,所以,构建服务型的乡镇一级政府具有深远的意义。新的发展形势下,我国适应社会发展既定目标,积极促进政府向服务型政府转变,作为最基层行政一级组织的乡镇人民政府亦在积极推动自我转变,推行服务型的一级乡镇政府绩效管理机制变革与乡镇服务型政府构建。积极促动服务型乡镇政府的绩效管理机制变革是党全心全意为人民服务宗旨的体现,是社会与时代发展的客观要求,同时也是推进乡镇政府职能转变的重要途径,是新农村建设的重要构成与不竭动力,是实现农业现代化和乡村振兴战略的基础动力。

  本书结合国内外关于乡镇政府绩效管理与服务型乡镇政府发展现状以及发展趋势,在梳理国内外有关乡镇绩效管理与服务型政府发展的文献与研究成果的基础之上,立足我国实际,探析我国在转变乡镇政府行政管理方式与绩效管理机制创新中存在的问题,探寻我国推进乡村振兴战略背景下基层政府绩效管理与创新服务型政府管理方式的有效路径。

  本书从最初起稿到最终定稿,数易其稿,虽付出众多,但也收获满满。在本书撰写的过程中,非常感谢郑州大学出版社社长孙保营教授对本书提出的具体且宝贵的修改建议。当然,本书在撰写过程中也参考借鉴了相关领域专家学者的学术成果,对于他们一并表示感谢。另外,在本人长时间的研究写作过程中,我的妻子安红霞女士承担了所有的繁重家庭事务,此书的成稿也有她的"功劳"。

2022 年 6 月

目 录

第1章 研究现状和研究设计 ········· 1
  1.1 选题背景 ········· 1
  1.2 选题意义 ········· 2
  1.3 国内外研究现状 ········· 4
  1.4 本书使用的主要研究方法分析 ········· 14

第2章 基层政府绩效评估体系构建的理论基础与现实依据 ········· 17
  2.1 基层政府绩效评估的本质及其理论渊源 ········· 17
  2.2 绩效管理理论以及基层政府绩效评估系统 ········· 25
  2.3 借鉴西方国家有关"顾客导向"绩效评估历程的客观需要 ······ 26
  2.4 我国基层政府绩效评估系统存在问题初探 ········· 27

第3章 基层政府绩效评估主体体系建构及其行为分析 ········· 28
  3.1 基层政府绩效评估主体建构 ········· 28
  3.2 基层政府绩效评估多元实施主体治理构建探究 ········· 34
  3.3 基层政府绩效评估多元实施主体体系运作及其评估实施行为分析 ········· 40

第4章 基层政府绩效评估的指标体系研究 ········· 51
  4.1 基层政府绩效评估指标框架体系构建存在问题及其发展方向分析 ········· 51
  4.2 基层政府绩效评估指标框架体系构建的基本流程 ········· 52
  4.3 乡镇层级政府绩效评估指标框架体系的逻辑架构 ········· 54
  4.4 乡镇层级政府有效实施绩效评估具体指标体系的政策建议 ········· 56

  4.5 乡镇层级政府绩效评估指标框架体系的构成 …………… 60

  4.6 优化乡镇层级服务型政府绩效评估指标框架体系的具体

    策略 …………………………………………………………… 66

  4.7 案例评析 ……………………………………………………… 69

第 5 章 基层政府绩效评估方法及其实证研究 …………………… 78

  5.1 基层政府绩效客观评估与主观评估的组合与平衡 ………… 78

  5.2 基层政府公众满意度测评模型构建及其应用 ……………… 87

  5.3 基层政府绩效评估体系的合理性论证 …………………… 107

第 6 章 国外基层政府绩效评估模型与实践模式 ………………… 115

  6.1 国外发达国家乡村振兴战略模式概述 …………………… 115

  6.2 国外基层政府绩效评估模型与多元模式 ………………… 120

  6.3 国外基层政府绩效评估实践模式的具体表现 …………… 125

第 7 章 基层政府绩效评估的制度安排、宏观策略与具体对策研究 … 146

  7.1 基层政府绩效评估体系制度安排短缺与基层政府建设

    困境 ………………………………………………………… 146

  7.2 基层政府绩效评估制度安排的宏观策略 ………………… 150

  7.3 基层政府绩效评估制度有效创新的具体对策 …………… 154

  7.4 本书的研究结论与研究展望 ……………………………… 160

  7.5 本书的研究局限性及有待进一步研究的问题 …………… 164

参考文献 ……………………………………………………………… 165

附录 …………………………………………………………………… 169

第 1 章
研究现状和研究设计

运用政府绩效评估业已成为中西方国家普遍采用的重塑政府的手段和方法,乡村振兴战略的提出更是将政府绩效评估推向了政府管理改革的前沿。本书的研究必须以我国现实的基本国情与社会实践为基础,而有效的研究有利于寻求和构建中国特色的新时代形势下基层政府绩效评估管理机制,可以为促动我国法治政府以及服务型政府建设工作提供理论和实践方面的借鉴与参考,推进我国基层政府实施的绩效管理机制建设与创新。国内外学界关于本书的研究成果颇丰,涉及内容非常全面,但也存在一定的不足需要完善。综合来看,本书的研究属于多学科视角研究新时代形势下基层政府绩效评估监管体系,因此需要运用多学科的思想和研究方法。

1.1 选题背景

政府绩效评估属于西方发达国家监督和管控政府的一件利器,是二十世纪七八十年代同步于新公共管理运动而发展起来的一项监督和管控政府的制度。西方国家进行的政府绩效评估以管理理念为理论背景,将顾客本位作为导向,迎合了新公共管理一级新公共行政理论涉及政府进行改造和监督、管控的要求。在近三四十年的不断发展和完善过程中,这些西方国家建立完善了政府绩效评估方面的法治化、制度化管理手段,并建立了一套契合本国国情的政府绩效方面的评估制度。例如美国颁布的《政府绩效与结果法案》,另外还有英国颁布的《地方政府法》等,都重申开展绩效评估是政府应当要承担的责任和履行的约定。同时政府绩效评估原本就是来自企业的管理方式,于是其也与西方国家方兴未艾的监管模式相联系。政府进行的绩效评估成为几乎所有西方发达国家运用企业一级市场的竞争管理手段和方法来重塑政府的有效方法。

提升政府回应性,管控政府权力,保障社会公众权利,依凭权利来制衡权力,基本上成为中西方国家达成的共同价值目标。我国进行改革开放的时期几乎与西方发达国家运用上述新公共管理理念以便大规模改造和重塑政府工作同时发生。从传统国家转为现代国家、从闭门走向开放的整个过程中,中国的整个现代化路程注定将受到现代化思想以及后现代化思潮抑或那些后工业化思想的双重影响,因此,新公共管理理念一定也会影响到我国治理方法的转变,改变我国传统的全能型政府治理模式成为上自领导阶层下至普通百姓的共识。另外也是为了吸取新中国成立之后国家治理的经验,免去"人治"的弊端,让"法治"走进公众的视野之中。

党的十九大报告中就已经提出了要实施乡村振兴战略,强调"坚持农业农村优先发展,按照产业兴旺、生态宜居、乡风文明、治理有效、生活富裕的总要求,建立健全城乡融合发展体制机制和政策体系,加快推进农业农村现代化"。如此便是对"三农"工作进行的一个新的战略部署、明确一个新的要求,属于新时期做好"三农"建设的重要遵循。另外,乡村振兴战略更是基于决胜全面建成小康社会工作的新时期,以及中国特色社会主义步入新时代关于乡村发展战略的全方位、全局性的措施,全面深刻地理解和践行这一战略,既要有理论高度、历史维度,更要有实践的广度、纵深。

1.2 选题意义

(1)本书的研究对比西方发达国家开展的乡村振兴战略背景下基层政府绩效评估监管体系的局限与探究我国乡村振兴战略背景下基层政府实施绩效评估管理体系的自主变革。为使乡村振兴战略背景下基层政府实施的绩效评估管理实现其功能及应有的效果,必须以我国现实的基本国情与社会实践为基础,在此基础上寻求新的社会背景下基层政府开展绩效管理的体系建构以及应遵循的基本规律。在目前的形势下,我们要在科学借鉴西方国家政府绩效评估方面经验的基础上,从我国现实的基本国情以及政府管理改革实际出发进行基层政府绩效评估监管机制与监管体系的自主创新。

(2)本书的研究有利于寻求和构建适合于中国特色社会主义新时代的基层政府绩效评估管理机制。西方国家新时期开展的基层政府绩效评估监管有其特有的制度情势、文化基础和现实逻辑,另外也有其独到的基本思想、评估模式和制度系统。我们可以经由学习和借鉴西方国家发达、成熟的经验，根植于当前我国乡镇政府架构的战略目标，扎根我国现实的行政体制改革以及基层政府管理方法创新现状，在此基础上探究适合中国特色社会主义新时代的基层政府绩效评估管理机制。研究和探索服务型模式下的基层政府绩效评估管理机制，有利于为我国当下基层政府绩效评估管理工作的完善及推进提供应然的理论储备。

（3）本书的研究可以为促动我国法治政府以及服务型政府建设工作提供理论和实践方面的借鉴与参考。当前，新时代的基层政府进行的绩效评估管理机制以及体系构建是基于"诚信""责任"以及"透明"等法治理念，对当下法治绩效评估体系的思考，基于理想与现实、手段与价值之间的张力进一步构建出来的科学化、合理化、标准化和规范化的机制与模型。通过建设乡村振兴战略背景下基层政府开展的绩效评估管理机制与系统，从而加强对法治政府以及服务型政府的绩效评估系统构建与制度安排的思考，有利于法治政府以及服务型政府的标准架构和目标分解，也便于将政府管理体制革新的宏观战略和内部举动、规划确立与结果评价两方面有机地结合起来，进一步推进我国法治政府以及服务型政府建设。

（4）本书的研究为推进我国基层政府实施的绩效管理机制建设与创新，包含政府体制改革的理论以及践行管理制度方面的研究，提供新的研究理念和观点。新时代新形势下基层政府绩效评估监管机制与体系构建以及制度安排研究，其本身在研究宏观思路上就要通过对基层政府监管与运行规律的科学思考和准确把握，根据我国政府管理体制革新实践和客观需要，思考和探索基层政府实施的绩效评估中具有根本性、前提性的命题，能够让其发挥我国基层政府实施的绩效评估理论以及实践研究的积极作用。在具体研究方面，就是要经由批判和反思当下的相关成果，从这些乡镇人民政府模式下的绩效管理与管理手段创新、政府绩效监管与法治政府及服务型政府创建的辩证关系中，来系统深化基层政府绩效监管体系及其结构的思考。

（5）本书的研究属于多学科视角研究新时代新形势下基层政府绩效评估监管体系，运用多学科的思想和研究方法构建新时代新形势下基层政府绩效评估监管体系的理论框架以及实证模型。学科相互之间的交叉、渗透与交融本属于人文社会科学前行的新趋势与新生长点。如果某个学科领域科学地移植了另一个学科方面的理论和研究方法，往往有助于推动进一步的研究发现，开创新的学科生长点以及新的研究课题。所以本书对新时代新形势下基层政府绩效评估监管机制与体系的深入思考将努力借鉴公共管理、法学以及社会学,另外还有政治学、系统学以及管理科学与工程和数理统计学等多学科的优秀理论成果以及多种研究方法,从而跨学科构建新时代新形势下基层政府绩效评估监管体系的理论框架和实证架构。

1.3 国内外研究现状

国外学界既有关于乡村振兴的研究,也有关于政府绩效评估的研究,但却没有将二者相结合而产出的相关研究成果。国内学界在乡村振兴和乡镇等基层政府绩效评估方面成果非常丰富,但也未将乡村振兴与政府绩效评估相结合,且研究视角单维化。而国内关于政府绩效评估的实践也为本书的研究提供了些许原始资料。

1.3.1 国外研究现状

考查相关研究文献,我们发现国外学者关于乡村振兴的研究较早,但成果并不丰富,其中较有代表性的主要是:Pamela Jeziorska-Biel,Elżbieta Psyk-Piotrowska(2012),*Social Aspects of Revitalization of Rural Areas. Implementation of the Rural Revival Programme in Lodzkie Voivodeship. Assumptions for Sociological Research*,其中从社会学视角讨论了乡村振兴的计划。M. N. Islam, etc.(2018),*Study on the Optimization of Farmer Cooperatives' Environmental Management under the Background of Rural Revitalization*,其中讨论了乡村振兴战略背景下农民合作社环境治理优化的问题。Wojciech Pawlowski(2019),*Impact of Spatial Development of State Agricultural Farms and Unification of Residential Developments on the Cultural Landscape of Rural Areas-Revitalization Issues*,其中提出了乡村振兴中的乡村文化问题。

据考证,绩效评估理念最早出现和被运用到了企业管理中,学术界关于政府绩效评估方面的研究起步较早,着手于第二次世界大战期间,显著标志是克莱伦斯·雷德先生和赫伯特·西蒙先生共同出版撰写的《市政工作衡量——行政管理评估标准的调查》这本书。

从20世纪70年代到现在,绩效管理作为先进企业已经取得的成功经验得到了诸多西方政府的全面吸收和借鉴,已演变为了西方各国进行政府再造、推动政府革新、落实政府职责、改进以及评估政府管理的一个切实可行的工具。比如,这一时期,英国在政府绩效评估方面就已经取得了显著的成绩,而且引入竞争机制以及顾客导向为特征的一种新公共管理革新。

自20世纪80年代初开始,英国由雷纳爵士承担的效率小组得到了"3E"评估框架,提出在财务管理改革中设立含有"经济"(Economy)和"效率"(Efficiency)以及"效益"(Effectiveness)三种要素在内的"3E"评估指标系统。不久,英国审计委员会就把"3E"指标纳入了绩效审计框架。从此,"3E"模型就不断被西方许多国家公共部门实施到绩效评估中。后来美国还将"3E"评估法增加成了"4E",即增加了一个公平(Equity)要素。

到了20世纪80年代,美国俄勒冈州所属的进步委员会把标杆管理实施到政府绩效评估,经由广泛征询政府部门、立法机关、一般市民、商业组织、慈善机构以及专家学者的意见,提出了一套科学、恰当、全面的绩效指标系统。

进入20世纪90年代,关注的焦点逐渐转到如何获得效益和"顾客满意",提升质量被提到了重要地位,而且在西方行政管理实践过程中,"效率优位"已经为"质量优位"所取代,因此这一时期评估工作的侧重点在于公共服务的质量以及效益。这时有关绩效评估已经在西方各国被普遍承认,其过程也愈发规范化、系统化,另外在指标的确立和分析途径的选择上,逐步显现出由定性转到定性与定量相结合,实施科学的数学分析手段等方面。

到了1992年,在美国的哈佛商学院工作的罗伯特·卡普兰教授和大卫·诺顿先生为企业研究提出了一种战略导向的、实施于绩效管理的工具——即为平衡计分卡(BSC)。这个平衡计分卡基本是从四个层面来评估企业业绩的:其一是财务状况,其二是顾客服务,其三是内部流程,其四是学习与发展。因此,美国得克萨斯州就把平衡记分卡法实施到政府的绩效评估,建设了一个用"外部效益获取度、顾客满意度、雇员发展效率、内部过程优化程度"四个要素组成的政府绩效评估系统。另外,平衡计分卡还在澳大利亚、新加坡等很多国家的政府部门中也获得了认可和应用,并取得了一定的成效。

随后,国外学者拉森和斯图尔特先后指出,与私人部门相比较,在公共部门中开展的绩效测量会遇到许多困难,而且公共部门的绩效评估必须建立在更广泛的范围内。这些要素包含经济的维度、民主的维度、法律的维度、职业维度四个方面。不过美国学者詹姆斯·威尔逊先生也指出公共部门的绩效评估应涵盖五个主题,即责任、公平、复回、效率、成本。

这些年来,欧洲行政学院一直在大力推广公共部门普遍适用的评估框架(CAF)。这个CAF模型基本来自欧洲范畴的质量管理基金会架构的"卓越模型"。另外,CAF模型涵盖着促进和结果两大方面,共九大要素。其中,有关领导力、企业人力资源管理、政府战略与规划、协作伙伴关系以及资源、流程和创新管理五个方面属于促进要素;另外的企业员工结果、顾客(公民)满意度结果、社会实施结果和关键政府绩效结果四个方面属于结果要素范畴。

1.3.2 国内涉及本书的研究现状

1.3.2.1 国内相关研究现状综述

我国关于乡村振兴的研究最早可以追溯到路光、王龙生发表于《江苏蚕业》1984年第3期的《发展蚕桑生产 振兴乡村经济——珥陵乡发展蚕桑生产的回顾》一文,不过此后直至2016年间,相关研究成果却比较稀少,直到党的十九大召开,在报告中明确提出,"我国社会主要矛盾已经转化为人民日益增长的美好生活需要和不平衡不充分的发展之间的矛盾";强调要"实施乡村振兴战略","要坚持农业农村优先发展,按照产业兴旺、生态宜居、乡风文明、治理有效、生活富裕的总要求,建立健全城乡融合发展体制机制和政策体系,加快推进农业农村现代化"。随之,学者们纷纷就乡村振兴,特别是乡村振兴战略的认定、实施等提出个人见解。

廖彩荣、陈美球(2017)在《乡村振兴战略的理论逻辑、科学内涵与实现路径》中认为,"乡村振兴战略是党中央新时代'三农'工作的新战略、新部署、新要求,乡村振兴战略的核心是'战略'、关键是'振兴'、靶向是'乡村'"。叶兴庆(2018)在《新时代中国乡村振兴战略论纲》中认为,"与新农村建设的总要求相比,乡村振兴的总要求不仅体现在字面的调整上,更体现在内涵的深化上,可以说是其升级版"。刘合光(2018)在《乡村振兴的战略关键点及其路径》中总结出"实施乡村振兴战略须抓好四大战略关键点:明确战略目标,落实总体要求,抓住关键要素,聚焦关键难题"。张挺、李闽榕、徐艳梅(2018)在《乡村振兴评价指标体系构建与实证研究》中从"产业兴旺、生态宜居、乡风文明、治理有效、生活富裕5个方面,筛选出15个三级指标和

44个四级指标,构建出乡村振兴评价指标体系"。豆书龙、叶敬忠(2019)在《乡村振兴与脱贫攻坚的有机衔接及其机制构建》中分析了乡村振兴和脱贫攻坚的联系,"乡村振兴可以借鉴脱贫攻坚的有效经验实现稳健推进,而脱贫攻坚亦能够利用乡村振兴机遇谋求纵深发展"。刘彦随(2020)在《中国乡村振兴规划的基础理论与方法论》中"基于乡村地域多体系统理论,构建了乡村振兴规划理论模式,提出了'三主三分'乡村振兴规划方法"。姚树荣、周诗雨(2020)在《乡村振兴的共建共治共享路径研究》中提出实现乡村振兴要在"政府主导、资本主导和农民自主三种路径面临困境的基础上,提出应以习近平'共建共治共享'社会治理理论引领乡村振兴"。2022年4月1日《求是》杂志第7期发表习近平总书记的重要文章《坚持把解决好"三农"问题作为全党工作重中之重,举全党全社会之力推动乡村振兴》,文章强调,全面推进乡村振兴,加快农业农村现代化,是需要全党高度重视的一个关系全局的重大问题。从中华民族伟大复兴战略全局看,民族要复兴,乡村必振兴。全面实施乡村振兴战略的深度、广度、难度都不亚于脱贫攻坚,必须加强顶层设计,以更有力的举措、汇聚更强大的力量来推进。要加强党对"三农"工作的全面领导。各级党委要扛起政治责任,落实农业农村优先发展的方针,以更大力度推动乡村振兴。

关于我国政府绩效评估方面,真正意义上开展的理论研究却是起源于1994年,以1994年载于《中国行政管理》第3期的左然编译的文章《如何评估中央政府的工作绩效》作为开端。不过对乡镇政府绩效评估的学术研究起步却比较晚,综合我们所收集的资料来看,其基本上起步于1999年年初,以王存福先生(1999)发表的《关于乡镇政府绩效评估的问题及对策》一文为起始点。虽然对乡镇层级研究起步晚,不过它毕竟从无到有,这属于一个飞跃,而且经由对国内相关研究文献仔细梳理发现,以前关于乡镇政府绩效评估的理论研究开始呈现出较为出色的发展势头,也获得了一些可喜的实效。

接着,吉鹏、彭化林(2011)两位在《服务型乡镇政府绩效评估体系的构建》一文中,倡导要在建设"服务型政府"的理念导引下,通过理解乡镇政府时下绩效评估中存在的不利情形——这些问题导致评估对象的行为和相应的"服务"理念相背而驰,提出优化乡镇政府绩效评估体系能够从主体选择与指标分布双层维度来进行,最后还强调了评估制度化的相关意见。朱海颖(2009)在其文章《服务型乡镇政府绩效考核制度研究》提到,提升政府公共服务职能、构建服务型政府对当前正处在一个政治经济转轨阶段的中国政府来说十分重要，不仅是政府为保障自身政权稳定所需，更是人民群众的迫切要求，作者基于文中提及地从服务型乡镇政府建构的政府治理理念、政府行政职能定位、个体内在动力、路径依赖以及技术障碍五个方面获得了常州新北区对其管理乡镇政府绩效考核所发生问题的根源，最后经由服务型乡镇政府所具备的职能特征，提出符合乡镇政府实际的健全服务型乡镇政府绩效评估制度的手段。

处于乡镇政府绩效评估分析的初始阶段，学者相对注重对政府绩效评估系统从整体上进行分析，不否认它为后来的分析提供一个一般性的研究框架，但是面面俱到的争议因为个人精力所限不能到达更深层次，不过可喜的是近几年，部分学者已经开始经由乡镇政府的特殊性就绩效评估的其中要素开展深层次论述，就像评估主体的匹配、指标创架与权重设置，评估对象的作用，评估理念的价值与功能，等等。

而李笼彦、胡增文（2010）在《乡镇政府绩效管理价值理念的嬗变与重构》一文中强调绩效价值理念属于影响绩效水平高低以及合理制定绩效标准的首要因素，但是时下乡镇政府在绩效管理过程中，往往看重绩效评估体系中的相关经济、效率以及效益指标，却忽略社会公平、人本意识、公众参与和回应等功能性指标，提出要基于地方政府绩效管理体制的构建，一定要加大社会公平公正、人本意识等价值指标在整个绩效评估指标体系中占据的权重，寻找最优良的经济——价值之黄金分割点，并最终推动我国基层政府绩效管理能够从价值理念上嬗变、交融和重构。另外，任蕾（2009）在研究总结乡镇政府的特殊功能基础上，从社会管理、公共协调、内部管理三个视角建立普遍适用型的乡镇政府指标系统，并创新性地把内部管理当作乡镇政府绩效评估指标系统的一个维度，这种理念是史无前例的，恳切能以更周全的途径全面反映出政府工作绩效优劣，在设计权重时也实施改进后的层次分析方法，争取让指标权重的架构更加科学、更加合理。韦朋余（2009）在其文章《乡镇政府绩效外部评价的困境及其对策》中指出，在乡镇政府绩效评估实施主体的选择上，应当引入外部的评估主体，能够强化公众监督，提升农民主体意识，从而真正能够推进社会主义新农村创建，基于乡镇政府、一般公众、评价技术开展三个角度研究外部评价所面对的困境，另外从这三个层面发现乡镇政府绩效外部评价的最好路径。接着，韦朋余（2009）还在其《浙江省宁海县乡镇政府绩效外部评价的实践与探索》一文中指出：实施乡镇政府绩效外部评价呼吁诸如修正乡镇政府职能、促动乡镇政府政务公开、增进社会公众参与的主动性以及积极性等体系化的配套措施的跟进;另外,增强社会公众对政府开展绩效评估的功效认同。刘华(2009)在其文章《乡镇政府绩效管理探讨》里强调:我国乡镇政府绩效管理过程中存在着农村公共层次服务产品供需严重倾斜、公共产品运营成本居高不下、公共产品提供效率偏低、城乡差距逐渐扩大等问题。他提出健全我国乡镇政府绩效管理的途径主要包含以下几个方面:①修正乡镇政府职能;②强调制度创新;③健全现代公共服务体系;④完善科学的公共财政绩效方面的评价体系等。同样,何植民等(2008)在文章《科学发展观指导下的乡镇政府绩效评估价值选择》里强调:时下国内乡镇政府绩效评估方面的价值导向存在一些消极的思想认识,就像"政府本位"认识、只看重 GDP 论等。作者指出,在科学发展观导引下乡镇政府实施的绩效评估价值导向必须以人为本、坚持可持续发展、强调公共利益至上。

所以,总的看来,时下的研究大多数只不过谈到绩效评估里面存在的问题和相应的优化对策,而且所强调的问题和对策基本差不多,并没有进行进一步深层次的研究并总结创新的观点;最后,分析的角度不够多维。就像对乡镇开展的绩效评估结果运用、开展评估的顶层制度设计方面的详细研究尚未产生。这些研究现状的不足也给笔者的研究增加一定程度的困难。

1.3.2.2 关于我国政府绩效评价的实施时期总结

学术界一致认可的我国现代意义层面的政府绩效评价实践起始于 1994 年山西省运城地区行政公署所属办公室开展的"新效率工作法"。既然属于一个标志性的事件,那么其在政府绩效评价研究进展中具有"分水岭"的价值。在此之前产生的微观意义上的关于公务员考核以及中观层面的部门作风创建等都涵盖有政府绩效评价的元素,属于政府绩效评价的萌芽期。不过在此之后产生的目标管理责任设定、社会服务承诺设定、效能监察、众人评价政府等,都属于在融入中国文化以及行政理念的基础上,基于不同侧面切入的政府绩效评价开展形式。基于此,可以将国内政府绩效评价的演变阶段分为两个时期:其一是政府绩效评价的萌芽期;其二是政府绩效评价的发展期。不过后者又可以基于研究范围、深度以及广泛性的不同划分成如下三个阶段:初步探索时期、研究拓展时期和细化创新时期。

(1)政府绩效评价的萌芽阶段综述(1949—1993 年)。自新中国成立以来,人民政府就将革命战争年代不断摸索建构的干部考核方式以及工作作风建设方面的绩效思想传承下来,形成了诸如干部考核制度以及部门工作作风建设体制,并在其发展过程中不断改进和健全。

第一,干部考核制度综述。回到新中国成立初期阶段,干部考核被称为"鉴定"或"考察"。而且此一时期干部鉴定的导向主要是推动干部素质的提高以及干部工作的增强,但仍然需要去防止和排除"奸细"的问题;并且鉴定内容重点集中于立场、观点、作风、适用政策、遵守纪律、沟通群众、学习态度等诸多方面;鉴定实施本人自我检讨、百姓会议讨论、领导进行审查三种方式结合开展。1966年发起的"文化大革命",造成干部鉴定制度极端扭曲,考核工作基本上陷于停滞。到了1978年召开十一届三中全会后,关于干部考核工作重新得以重视。1979年11月,当时的中央组织部下发的《关于实行干部考核制度的意见》强调:"干部考核的标准以及内容,必须坚持德才兼备的原则不动摇,按照各类干部胜任当前职位所应具备的环境,从德、能、勤、绩等四个方面开展考核。"到了1993年国务院颁布实施的《国家公务员暂行条例》,昭示着我国公务员制度正式确定,并取代了传统意义上的干部制度。接着2005年4月27日,更高位阶的《中华人民共和国公务员法》正式通过,并自2006年1月1日正式实施,标志着国内公务员制度建设进入到一个新的发展时期。

第二,作风建设制度综述。机关作风包含政府机关及其部门工作人员精神面貌表现、领导水平体现、办事效率做法、服务质量评价的外在特征。中央政府对机关内部作风建设的倾斜程度可以通过政府工作报告对它自身的论述中呈现出来。1955年发布的《政府工作报告》中强调,"所有国家机关的工作人员,所有企业部门的工作干部,均必须进一步地提升工作作风,努力改正工作中的各种缺点以及错误"。1960年发布的《政府工作报告》中指出,"各级领导干部要真正地改进领导作风,深入贯彻执行勤俭办社、节约勤俭办一切事业的方针,不要贪污,不要浪费,不要官僚主义以及命令主义作风"。到了1978年实行改革开放政策后,政府工作遭遇了外部环境的挑战。因此,中央政府指出"我们的理念、作风和工作方法,均应该有一个新的提高和增强"。经过不断努力,机关作风建设工作取得了诸多成就,但还需要更加深入发掘。

当然,干部考核制度以及机关作风建设方面的制度并非相互独立的,而属于一个相互联系、相互推动的有机体。两者相互之间的核心纽带属于行政效率问题,不过其对行政效率测定的分析直到20世纪80年代末的时候才有学者开始研究。例如夏书章、刘怡昌以及周世逑、黄达强先生等都对行政效率的界定、行政效率的基本功能、测量标准和途径进行了专门分析。干部考核制度、机关内部作风建设制度，另外诸如与之相关联的内部行政效率测定工作为现代意义层面上的政府绩效评价提供了充分准备、支撑。

（2）关于政府绩效评价的发展期综述（1994—2003年）。第一，对于初步探索阶段的研究综述（1994—1999年）。到了20世纪90年代初期，我国学界已经开始采纳"绩效评估"或"绩效评价"方面的概念，但对其内涵的分析仅限于员工绩效评价角度和科研机构绩效评价视角。研究的内容涵盖绩效评价的目的与价值、指标设计、评价框架、评价方法、评价程序等要素。1994年，左然先生介绍了英国地方政府开展绩效评估的实践情况，分析了在中央政府开展政府绩效评估的紧迫程度、可行性问题，昭示着以政府组织为目标的绩效评估进入了国内学者的视野。不过，文章仅是对英国政府开展绩效评价实践的一个大概描述，未深入分析英国政府绩效评估开展过程的实施背景及表现、绩效指标设计、评估针对的内容框架等。而且，随着市场经济体制的完善，通过调查接受服务供给的公众对服务的满意程度数据，来测评组织在相当一段时期内的业绩，变成企业竞相采用的一种手段。如何增进政府公共服务供给的公众满意度成为学者亟须思考的问题。总体上，此时期学术界在有关政府绩效评价方面的理论研究主要表现为对西方国家政府绩效评价意识和方法体系的介绍，并且现代政府绩效评价理念开始进入中国实践。

综合考察来看，在实践中，各种表现的政府绩效评价活动逐渐涌现。1994年6月，烟台市就已经针对广大市民反映强烈的城市公共服务质量差的问题，采纳中国香港和英国地区有关社会管理部门的做法，最初在市建委试行一种"社会服务承诺制"。到了1995年，福建省在全省范围内开始实行政府效能监察制。接着，1997年的时候，福建省漳州市为处理吃、拿、卡、要等方面的"老大难"问题，开始了机关效能建设试点工程。后来，1998年沈阳市率先开展了"市民评议政府"活动。到了1999年的时候，珠海市开展实施了"万人评政府"活动，这一个新颖的评价形式引起社会强烈反响，各地群起效仿跟进，随后还有诸如南京万人评活动、扬州万人评活动、哈密万人评工程、江门万人评工程、乌鲁木齐万人评活动等诸多政府绩效实践。

第二，关于研究拓展阶段综述（2000—2003年）。在这个阶段，政府绩效评价的学术理论关注度提高，大部分的行政管理学者积极参与其中，理论探讨逐渐向系统化发展;而且,理论成果对现实的指导增强,接着,在理论研究者的融入或直接指导下,很多地方政府开展的绩效评价实践工作如火如荼地开展起来。

在理论界,关于政府绩效评价的研究基本集中在三个方面:其一是介绍西方国家政府实施绩效评价的理念与经验等。英国、德国、美国、新西兰、瑞士、澳大利亚等国家陆续开展政府绩效评价实践相对其他国家来说较早,积累了大量的可供我国借鉴的成功经验。其二是分析中国国内实行政府绩效评价工作的可行性及障碍。可以说,政府绩效评价尽管是一个舶来品,不过在中国目前的实际国情下,它在对有关社会发展、经济增长、政治稳定和技术革新等方面都是可行的、有贡献的。其三是梳理国内部分地方政府开展的绩效评价实践。当时,中国学术组织行政管理学会联合课题组就已经于2001—2002年对整个国家开展政府绩效管理以及评价的地方政府开展调查,试图提出契合我国政府机关普遍适用的绩效评估基本原则、有关指标设置标准等。可以说,这是对整个国家政府绩效评价实践工作的一次较为全面的考察学术活动。

当然,在2000年的时候,邯郸市实施了全面的市民评议政府及所属部门的问卷调查活动工作;杭州市还举行了针对市直机关方面的"满意不满意"评选活动;福建省则是全面开展效能建设工程。2001年,江苏省南通市开始推行目标责任制绩效方面的管理工作,确立了有关将督查工作与政府的目标绩效管理相结合、并且和考核评比相结合的工作模式。同时,还有一些地方政府开展了与上述几种形式类同的绩效评价实践活动。

(3)关于细化创新阶段综述(2004—)。2004年3月22日,国务院颁布了关于《全面推进依法行政实施纲要》里面指出:"必须积极研究行政执法绩效评估以及奖惩办法。"这属于中央政府官方文件里面第一次载入"绩效评估"概念,不过范围仅限定在行政执法领域。与此同年的10月26日,国务院召开的全体会议就将"建立健全公共产品供给和服务的监管督察和绩效评估方面的制度,简化相应的程序,降低运行成本,讲求质量提升,提高整体效益"写进了新完善的《国务院工作规则》里面。这标志着有关绩效评估得到官方正式的认可,并意欲在政府的多个职能领域层面展开。2005年3月30日召开国务院常务会议讨论并通过了《国务院2005年工作要点》,其中指出,必须"探索建立科学合理的政府绩效评估体系以及经济社会发展综合评价系统"。这意味着政府开展的绩效评价已经变成了中央政府关注的问题,昭示了国务院开始在最高的中央政府层面开展政府绩效评价。2006年9月4日,在当时举行的"加强政府自身建设、促动政府管理创新的有关电视电话会议"上,时任国务院总理温家宝强调"绩效评估是指引政府及其工作人员确定正确导向,尽职尽责办理各项工作的一项十分重要的制度,也是推动行政问责制的前提和基础";并且"要抓紧施行政府绩效评估的试点方案,并在总结经验的前提下逐步加以推广"。这属于到目前为止中央层面对政府绩效评价最具体明确的论述,它明确强调要在全国实施政府绩效评价,并依凭这一工具,推动政府自身建设和管理变革。

在2007年党的十七大报告里指出,"要增进政府效能,健全政府绩效管理体系;构建以公共服务为目标的政府业绩评价系统,建立政府绩效评估实施机制",这昭示着政府绩效评价已受到了党中央的重视。2008年2月27日通过实施的《关于深化行政管理体制改革的意见》明确强调,"实施政府绩效管理以及行政问责制度,构建科学合理的政府绩效评估相关指标体系和评估实施机制"。这一意见的具体实施,为学者进行政府绩效管理以及评价的理论研究提供了政策依据,也为具体的绩效管理与评价在国内的发展指引了一个基本目标。

随后,在政府和社会的推动下,关于政府绩效评价的研究发展迅猛,专业性学术研究机构纷纷建立。2004年12月18日,高校第一家政府绩效评价方面的专业学术组织——兰州大学中国地方政府绩效评价中心正式成立。2006年9月23日,一个全国性的政府绩效管理研究会正式成立大会暨政府绩效评估和行政体制改革理论学术研讨会在兰州大学隆重召开。在会上,来自全国各地的100多名代表讨论确立了研究会章程,投票选举产生了第一届大会的理事会及会长、多名副会长和秘书长,昭示着围绕政府以及公共部门绩效评估和服务管理研究的全国性研究学术团体正式成立。当时的与会代表还集中就政府绩效评估的理论以及实践、绩效评估工作与行政体制创新的关系、绩效管理服务在政府管理变革中的地位与作用等情况,进行了广泛的研讨和交流。在这次会议以后的时间里,不管是关于政府绩效管理的理论研究或者在实践探索方面,政府绩效评价工作都有了显著的推进。与此同时,中山大学政治与公共事务管理学院、厦门大学公共事务学院、兰州大学管理学院、西安交通大学公共政策与管理学院等院系均向院内的硕士研究生和博士研究生开设了诸如"政府绩效管理与评估"有关专业课程,或者设置了诸如"政府绩效管理与评估"相关的研究方向,讲授绩效评价理论知识，为社会培养新生的科研力量。

在真正的实践中，很多地方政府绩效评价同时出现了新的形式。2004年年底至2005年年初，兰州大学中国地方政府绩效评价中心就接受甘肃省人民政府的书面委托对全省所辖的所有14个市(州)政府以及省政府所属的39个职能部门的绩效开展了评价，且于2005年3月9日向社会公开发布了《甘肃省非公有制企业关于评价政府绩效结果的报告》。这一举措被媒体命名为"兰州试验"，成为国内有关第三方评价政府绩效的排头兵。2007年11月，华南理工大学公共管理学院课题组对外公开发布关于《2007广东省市、县两级政府层面整体绩效评价指数研究的红皮书》，也属于第三方开展绩效评价的全新的一次探索。这昭示着，政府绩效评价已经由政府自己组织开展向由政府以外的学术机构、部门以及调查咨询公司等有关组织实施的方向拓展、深入。

1.4 本书使用的主要研究方法分析

综合来看，本书研究涉及面广泛，主要涉关公共管理事务、法学、社会学、社会政治学、系统科学、经济学、管理科学与工程以及数理统计学等诸多学科领域，研究方法也涵盖很多学科领域，总的来说，本书的主要研究方法如下。

第一，文献分析的方法。文献分析的方法就是指经由对收集到的与本书研究有关的文献资料进行研究分析，以发现研究对象的性质和情形，并从中引出自己所持观点的一种分析的方法。文中文献分析研究以及写作的部分思路来自对其他学者文献的搜集、整理和研析。

第二，序列多角度测量的方法。这种方法就是指通过基于序列图表的多个角度进行测量，从而进行比较、分析，获取想要的研究数据，这是在人文社会科学研究中的一种方法创新。文中多次涉及对评估方案的评价，就是从多个角度进行测量的结果。

第三，数理统计与分析的方法。此种方法就是指将本书研究中需要的数据运用统计与分析的手段开展研究的一种方法，此种方法的运用前提是要有相对准确的数据，方可获得最为科学合理的研究结果。文中在研究分析的过程中，使用了大量的数据，并对数据进行了详慎的分析，以期获得既定的研究目标。

第四,状态最优化的方法。状态最优化方法,属于求解最优化问题的一种具体方法。它要求将所研究的对象采用数学表达式描述成可以认知的状态,然后用数学解析手段求出最优解。总是希望在可能(现有)的状态下,从众多可能方案中挑出一个最优方案,使事情发展的结果最能满足自己既定的目标,或者说使结果的导向值与自己的期望值十分符合。因此,这个方案就可以被称作最优方案,而这个挑选最优方案的行为或过程本就属于一个最优化的过程。而本书在研究中就是要从众多的政府绩效评估方案中寻找一个状态最优的方案。

第五,层次分析的方法。这个方法是指将与决策总是关联紧密的元素分解为诸如目标、准则、方案等不同层次,然后在此基础之上开展定性和定量分析的决策分析模式。本书中有中央、地方和政府机关内部等多个层面的绩效评估分析,正是需要此种方法的运用。

第六,成本效益分析的方法。这个方法对某项既定的设计目标,提出诸多实现该目标的方案,采纳一定的技术方法,进而计算出每种方案所需的成本和可能的收益,通过比较途径,并依据相应的原则,选择出最优的决策方案。本书在既定绩效评估方案的确定以及评估方案实施的效果之间,必须采用此种方法,方能发现评估方案选择的恰当与否。

第七,标杆管理的方法。这个方法就是指要围绕增强主体能力和实现发展目标、设定一个比其绩效更高的机构进行比较,以便获取更好的绩效,逐渐超越自己、超越设定的标杆、追求卓越,而且这也是机构创新和流程再造的表现,是建立学习型机构的最佳实践。本书在研究过程中,就专门设定一定的目标,然后以此为标杆,不断完善既定的绩效评估方案。

第八,平衡计分卡的方法。这属于一种比较常见的绩效考核方式之一。传统的平衡计分卡方法是基于财务、客户、企业内部运营、员工学习与成长四个角度,把组织的战略落实为能够操作的衡量指标以及目标值的一种较为新颖绩效管理体系。按照此种解释,平衡计分基本是通过图、卡、表来达到战略的规划。这种方法在本书的研究中也是多次使用的。

第九,数据标准化处理和计分的方法。数据标准化处理和计分的方法在对诸多数据分析之前,通常应该先将数据标准化,然后不断利用标准化后的数据开展分析。综合来看,数据标准化处理主要涵盖同趋化处理以及无量纲化处理两种方法。上述的数据统计与分析的方法与此方法正好形成呼应关系。

第十，参与观察的方法。参与观察的方法属于英国学者马林诺夫斯基教授创立的一种民族志方法，其属于一种科学的研究方法，属于人类学、社会政治学、民族学以及法学等学科开展社会调查研究的重要途径。本书在研究中，需要获得第一手的研究资料，就必须走进实际，开展"田野"调查。

第十一，博弈论分析的方法。这种方法属于利用博弈论开展情报分析的一种方法。采纳数学方法来分析有利害冲突的相对者在竞争性过程中是否存在己方制胜对方的最优方案，以及如何完善这些策略等情况。在本书研究中，研究对象之间必然存在着众多冲突、矛盾之处，这些都需要运用博弈的方法予以分析，获取最佳方略。

第十二，内容分析的方法。内容分析的方法属于大众传播探讨的内容和方法之一，经由对研究对象内容质量的分析，理解和判断某一时期的研究重点，对某些情况的倾向、态度、观点，以及研究内容在某一阶段的变化规律等。本书在研究过程中对于研究背景的内容，对于政府绩效管理的内容都必须予以认真厘清。

第十三，逻辑推导与演绎归纳的方法。逻辑推导方法是指在研究过程中根据研究方案的客观证据和当下材料按逻辑思维的规律、既定规则形成概念，并据此做出判断和开展推理的一种方法。而归纳演绎方法就是将个别推及普遍，又从普遍推及个别，如此不断循环往复，使人类的认识不断深化。在本书中只有科学合理地运用这些马克思主义的逻辑思维方法，才能最终获得想要达到的目标，实现既定的结果。

第 2 章
基层政府绩效评估体系构建的理论基础与现实依据

乡村是我国行政区划中重要的组成部分,是一个多功能的综合体,乡村振兴事关国家大局,乡村兴则国家兴,因此乡村振兴一直都是党和国家十分重视的一个战略性问题。乡村振兴是一个全面的振兴,而要真正实现这个全面振兴,基层政府起着关键性的作用,因此提高政府的治理体系和治理能力的现代化是一项重要工作,是实现乡村振兴的重要保障。

2.1 基层政府绩效评估的本质及其理论渊源

脱胎于经济学意义上的"绩效"一词,在被引渡到政府或公共部门(组织)领域中来后,其本真定义并无实质变化。在汉语中,绩效大概指的是"成绩、成效"[①]。不过在英文中,能够以此和"绩效"相对照的单词包含"performance"以及"achievement",基本来讲"performance"大多译成"履行""执行"或者"表现"以及"行为"等昭示过程性的意念。但是"achievement"大多译成"成就""成绩"还有"成果"等昭示结果导向性的意念,另外其还侧重个体的实效或成绩等。因此,采纳"performance"以对照绩效比较准确,更可以反映出绩效的有关动态性特征,体现出"实效""结果""产出"公共部门的操作。

"绩效评估"一词在国内外学者或有关组织机构的著作中亦有很多类解释。基本上是根据个体角度和组织视角两个方面来论述。比如,我国学者蔡立辉教授就基于政府部门的绩效管理提出绩效评估就是依凭绩效目标,采纳评估指标,就政府部门履行其法定行政职能所导致的结果及其影响开

---

① 中国社会科学院语言研究所词典编辑室编:《现代汉语词典》(第 7 版),商务印书馆 2016 年版,第 620 页。

展评估(evaluating)、区别不同绩效等级(grading)、表达绩效改进计划和采纳评估结果来增进绩效的活动过程。① 另外,吴俊卿认为,绩效评估就属于对一项有价值的实践工作或就政府某单位、所属某部门、社会某行业、国家某地区的某个阶段工作和建设事业所获取的结果,基于成绩和效益方面开展客观评价。② 对此,张成福等指出绩效评估是一个组织试图实现某种目标,如何实现以及是否实现目标的系统化层阶表现。

美国联邦责任总署(U. S. Government Accountability Office, GAO)在1998年颁行的"Performance Measurement and Evaluation: Definitions and Relationships"详细分析了"Measurement"以及"Evaluation"的定义和内在关系。其中"Performance Measurement"指的是正在进行的项目成就的控制和报告,特别是对预先设定目标过程的控制和报告。也还能够报告项目实施过程的类型和水平,项目产出的产品和服务或产品和服务的结果等。另外,"Program Evaluation"是指一种有来自所属机构内部或外部(当然也能够是项目经理)的专家个人系统定期地对项目进展情况的评估。不过,"Performance Measurement"聚焦于经由可测量的绩效标准来评估项目是否能够实现预定目标,属于一种管理预警机制。而上述的"Program Evaluation"重在对项目实施过程的所有方面和可能影响项目成功的全部环境进行全方位的控制。并强调,尽管这两种评价方式都是为了支持资源分配和政策制定以提高服务和项目的效果,不过"Performance Measurement"由于其持续性,能够作为一种早期的预警机制和促进政府责任的有效工具。而且"Program Evaluation"则是重在深入检查项目绩效和项目环境来对项目是否能够有效运作和是否有必要调整来开展全面评价以提高项目实施的效果。③

不过早在1995年的时候,美国联邦管理与预算局(Office of Management and Budget, OMB)就认为"Performance Measurement"提供了一种机制,以明

---

① 蔡立辉:《政府绩效评估:现状与发展前景》,载《中山大学学报》(社会科学版)2007年第5期。

② 转引自刘笑霞:《我国政府绩效评价理论框架之构建——基于公共受托责任理论的分析》,厦门大学出版社2011年版,第40页。

③ United States General Accounting Office, "Performance Measurement and Evaluation: Definitions and Relationships", GAO/GGD-98-26, April 1998, pp. 2-4.

确政府预期计划的目标,而且系统地和定期测量在达成这些目标方面取得的进展。① 另外,尼古拉斯·亨利亦指出,绩效测量(Performance Measurement)一词实际是逐渐地对项目完成情况开展监督与报告,特别是实现事先设定目标的实施情况。项目评估(Program Evaluation)一词属于定期或特别开展的独立而系统的探讨来评价一个项目的实施情况。进而强调绩效测量和项目评估关心的焦点与自身的作用方面属于相互区别的,并且绩效测量集中探讨一个项目是否实现了可测量的目标,但是项目评估的范围却广泛得多,要在更为宽泛的环境情境中检验范围更为广泛的信息。虽然两者都用来健全服务提供和项目的有效程度,但是绩效测量大多当作管理者的预警系统来熟悉项目进展是否顺利,也属于一种用来增强政府公共责任的方法;对应分析,项目评估则属于对项目绩效及其要分析的环境背景开展更加深入的探讨,并且寻找开发有关的项目是否进展及其怎么健全的综合评价。② 从中我们可以发现,绩效测量和项目评估原本就属于两个不同的阶段,但是国内学者在翻译过程中可能是为了简化或者因为中国语言的深厚内涵的因素,竟然把"Measurement"和"Evaluation"混为一谈。所以"绩效评估"这一词语在中文语境下则能够解释成"绩效测量"与"项目评估"的融合,并且自认为此种理解似乎更能理顺既定的绩效评估里面"结果"与"过程"相互之间的融合,这样也符合既定绩效评估工作的"原教旨"之意。

托马斯·R.戴伊指出,"政策评估就属于熟悉公共政策所导致的效果的过程,就属于要试图判断这些效果是否属于所预期的效果的阶段,就是判断这些实效与政策成本是否能够符合过程性工作"③。

2.1.1 基层政府绩效评估模式的内涵及其理论基础

新时代我国基层政府开展的绩效评估首先依凭乡村振兴战略背景下基层政府此类层级建设效果的评价以及估计。着眼于新时代我国国内基层政

---

① Performance Measures in the Public Sector, http://planning.utah.gov/Performance Measure Home.html,2012-7-31.

② [美]尼古拉斯·亨利:《公共行政与公共事务》,张昕等译,中国人民大学出版社2002年版,第284-285页。

③ [美]托马斯·R.戴伊:《自上而下的政策制定》,鞠方安译,中国人民大学出版社2002年版,第203页。

府此类行政层级,这一层次政府具备的特性决定了绩效评估基本是在乡村振兴战略背景下的基层政府开展起来的。

所谓理论基础,主要是指在研究某一问题中居于主导、统摄地位的理论观念,用来解释、剖析与该理论系统相关联的客观现象、事务或实践活动的最基本的理论。这一理论基础承担着价值导向、观念意识等功能,这一理论基础可以对由此基础上推演出的一般理论系统所研究和探究的对象、事物、实践活动和范畴起到指导作用,同时对一般理论体系所探究和探讨的实践和研究客体具有最终和最具根本性的解释能力和解释话语权威。在本书中,乡村振兴战略背景下基层政府一般涉及中央与地方关系理论和绩效评估涉及的"委托—代理"理论。

中央与地方关系不仅是调动中央与地方积极性的问题,还是划分职能、事权、财权的问题。马克思早就在相关论述中提到,在单一制的国家中,实行中央集权是历史必然,但实行中央集权并不否定地方自治,实行中央集权基本是从建构一个统一的中央政府视角来讲的,中央集权也并非把一切权力均集中于中央,而只是将那些必要的权力集中到中央,同时将其他权力留给地方。对此,列宁亦主张运用民主集中制原则来处理中央与地方的关系,就是既要坚持中央政府的统一领导,又要充分发挥地方政府的积极性。中华人民共和国成立后,毛泽东在《论十大关系》中明确提出要正确处理好中央与地方的关系,充分调动两个积极性。概而言之,处理中央与地方关系的主要目标是实现中央与地方利益兼顾。基本原则就是统一性与多样性相结合。其中,统一性基本体现在中央政府的价值和职能上,由中央政府管理的事情必须完全统一,由中央政府行使管理权,决不允许分散。宏观经济管理、社会保障和收入分配、国内市场体系、国家税制以及公共服务标准等方面都应该由中央实施管理。但是,其中的多样性基本体现在地方层面政府的价值与职能上,也就是说,地方政府在解决本地区的具体事务时,可以因地制宜。一方面,由于我国国土面积大,各地区可根据地区差异,因地制宜地解决本地区的事务,以调动地方积极性。另一方面,各地方有权制定与国家法律不相冲突的地方性法规和行政法规。在地方政府管理的权力范围内,地方政府有权决定自己的内部事务,更有权抵制成文宪法规定之外的命令和规定等。① 统一性和多样性原则基本兼顾了中央权威与地方积极性两方面的利益考量,也是目前我国单一制国体下正在实践的处理中央与地方关系的方式和原则。

作为契约理论重要发展成果之一的"委托—代理"理论,其研究范式是以"经济人"为核心的新古典经济学研究范式,并假设委托人与代理人之间利益相互冲突和信息不对称。由于利益相互冲突和信息不对称,致使委托人对代理人的监督往往不力,在追求自身利益最大化中,代理人往往会做出损害委托人利益的事情,主要是由于在信息不对称和利益相互对抗的困境中,代理人也可能追求自身效益的最大化,代理人基于形式层面委托人授予的资源分配权力的时候,会追求自身利益最大化,将自身利益置于委托人利益之上,再加上道德伦理的匡扶不力,会产生代理纠纷。由于代理纠纷的存在,委托人应当建立一套可行的制衡机制来规范、规制并激励代理人的行为,保证正确的方向,尽可能降低代理成本,降低代理问题发生的可能性,更好地满足和维护委托人的自身利益。其遵循的基本逻辑属于:"在激励相容约束以及参与约束两个条件下探究委托人设计的最优契约,从而使得代理人的努力水平对应委托人的利益"②。而同时作为代理人的政府层面,在行使权力的过程中,必然会形成受托责任,但如何考评受托责任是否得以履行和兑现,则需要发展一套行之有效的评估体系,因为责任评估并不是简单地通过选举实现的,因为"只不过是选举某些人并非意味着他们会承担,如果没有就怎样评价那些负责提供公共服务的人的绩效进行积极的政治对话的话,真正的受托责任绝对是不可能达成的"③。绩效评价的开展就是针对受托责任不能有效落实而兴盛的,甚至在很大程度上可以说,绩效评价是开展对政府履行受托责任效果的有效工具。因此,委托代理关系所产生的受托责任是开展对各级政府进行绩效评价的强有力的工具。

---

① 冉清文:《地方政府概论》,东北大学出版社2008年版,第146—147页。
② 刘有贵、蒋年云:《委托代理理论述评》,载《学术界》2006年第1期,第70页。
③ 转引自刘笑霞:《我国政府绩效评价理论框架之构建——基于公共受托责任论的分析》,厦门大学出版社2011年版,第13页。

2.1.2 新公共管理理论中的效率与公正理念

到了20世纪90年代初期阶段,一种新的公共部门基础层面的管理途径——新公共管理——在许多发达国家和不少发展中国家崭露头角。这种新公共管理的核心在于引进企业的价值理念和技术以增强政府效率。联合国的经济合作与发展组织指出新公共管理理论认为对顾客、产品与效益的关注,践行"目标管理方法以及绩效测量方法";使用应用市场与市场机制以达成取代中央集权型管制的模式;竞争与选择;经由权力、义务、责任的和谐一致来下放权力。① 总的来说,绩效评估正是迎合此种行政范式的转变而发展起来的,绩效评估强调在管理的效率、结果、经济以及服务成效等方面的判断以及评判,来对政府层面或公共部门自身在管理社会事务中的付出、产出、效果和百姓满意度等方面开展评定,以此来明晰政府或公共部门的绩效能力,依靠评估报告来测度政府行为和管理水平。新公共管理理论十分注重对绩效的测量以及评估,旨在实施绩效管理,这给进行政府的绩效评估提供了强大的理论支撑。并且,与此同时新公共管理将"效率、效益、功能"当作价值取向,强调结果,认为政府在管理进程中必须积极引入企业管理手段和竞争机制,开展绩效管理,以增强政府服务质量以及有效性为导向,开展政府绩效目标确定、有关绩效测量与评估。此类新公共管理运动同时为政府绩效评估供给了强有力的理论支撑,并且在实际的政府实施过程中,呈现出了有别于一般"行政模式"的政府运行途径,越来越多地昭示着"管理模式",造成政府价值取向显示出"效率至上"还有"顾客就是上帝"的一种普遍的政府服务意识。

新公共管理所企望的"效率至上"的价值指引,明显与政府或一般公共部门所应固有的公共价值观相悖离,另外在实际运行中所碰见的"政府失灵"问题进一步让新公共管理理论受到了议论。在新公共管理理论根本上发展起来的一种新公共服务理论,在强调"建立在自身利益最大化前提下的新公共管理所涵盖的是对公共精神的侵犯和对公民权利的批判"的基础上,强调政府服务应坚定"效率与公正(民主)"的均势,以公共利益为价值指引,

---

① [澳]欧文·E.休斯:《公共管理导论》(第三版),张成福、王学栋等译,中国人民大学出版社2007年版,第6页。

实现公共行政人员关于大众方面"服务而不是掌舵"的认识目标。已经是这一理论集大成者的著名学者登哈特夫妇更是总结了新公共服务的理论界定:政府仅仅属于服务,而并非掌舵;公共利益属于目标而不是副产品;在思想上必须具有战略性,另外在行动上要包含民主性;为公民服务,并非要为顾客服务;责任绝对不简单,并非属于单一的;重视人,而不仅仅重视生产率;公民权以及公共服务比那些企业家精神更关键。[①] 新公共服务所强调的维护公共利益和重申尊重公民权利,并且重新定位政府功能,达成"政府—公民"共治的作用追求基本上适应了全球化进程中大众对权利的"呐喊"。从绩效评估实际操作表现来看,绩效评估在功能追求上也经历了自一种新公共管理具备的"效率至上"理念向新公共服务涵盖的"公正"意识过渡,绩效评估特别注重吸纳公民参与,强调公民权利,实施民主价值理念。当下,我们进行法治建设的价值导向的追求就在于达成社会的民主政治,使得公民权利能够得到依法维护,对政府绩效实施评估必须在新公共服务理论包含的价值理念引导下,强调民主和公民的参与,达成政府绩效评估既定的"公正"目的。

2.1.3 新公共管理运动中有关的"管理主义"倾向与政府工具理论的保障

开展以及实施对政府进行的绩效评估是同新公共管理理论所固有的核心理念之一的"管理主义"思想而全面展开的。到了20世纪八九十年代,西方大多数发达国家以及部分发展中国家开展了大范围的"政府再造"运动,广泛引进企业管理方式、手段以及竞争以将传统官僚制行政模式实施改造。因而,"管理主义"这一通畅于工商管理领域的一类全新管理哲学,根据学者广泛而深入的分析成为新公共管理的关键概念。其核心观点包含:①社会进程的主要手段在于生产力的持续提升;②这种生产力的提升以"管理功能"对人力的劳动力要素和复杂的网络科技技术、组织技术、相关物质形态商品的主要生产技术的有效组织为基础;③管理是一项重要的、独立的和特殊的组织作用,在诸如计划、实施和衡量生产力的实质方面发挥关键价值,

---

① [美]珍妮特·V.登哈特、罗伯特·B.登哈特:《新公共服务:服务,而不是掌舵》,丁煌译,中国人民大学出版社2010年版,译者前言,第5-7页。

商业的成功越来越看重于高素质和职业化的诸多管理者;④为发挥"关键作用",管理者应当拥有合理的"管理权限"。其中"管理主义"的信条就属于"让管理者来管理",这属于良好管理的基本准则。一个良好的管理可以极大地降低繁文缛节,为人员供给良好的激励机制,使组织运作良好,有助于降低和消除浪费,有助于十分明晰地表明资金的花费去向,并且把资源集中于最基础的领域,为国家复兴供给"钥匙"。①

此外,胡德先生亦总结了"管理主义"的方案,大概包括七点思想:公共部门领域中的现实性的职业化管理;公共部门绩效的明确标准与度衡;对产出控制的特殊重视;公共部门中的单位逐渐分化;公共部门更具竞争性;对私营单位管理方式的重视;重申资源利用要具有特别的纪律性和节约性。另外,经济合作与发展组织也于1991年同时强调两种宽泛的途径来达成"管理主义"方案。一个属于提高公共组织自身的生产绩效,以增强人员调配、开发、合格员工的招募以及绩效奖励诸多方面的人力资源管理水平。包括:让员工更多地加入决策与管理;放松行政管理而推行严格的绩效导向制度;运用信息技术;健全顾客反馈,并突出服务质量;将供给和需求决策结合起来。另外一个就属于充分利用私营部门,同时建立一个可靠的、可行的、竞争性的、全面公开的公共采购机制,将供给公共物品和服务的生产全面转包出去,通过合同途径购进中间形态的产品以及有关服务,并终止供应方面的垄断现象和其他保护途径。②虽然这些观点在不同国家和地区的实际实施过程中在形式上可能有所不同,基本上都属于多种理论综合运用的情况,但绩效考核、度衡和绩效的管理属于必不可少的手段和途径之一,实施新公共管理运动的重要导向,就是政府依凭绩效评估和绩效管理的工具,来"重塑政府",从而让政府的工作更加充满效率和有效性,增强政府绩效层次。

---

① [美]珍妮特·V.登哈特、罗伯特·B.登哈特:《新公共服务:服务,而不是掌舵》,丁煌译,中国人民大学出版社2010年版,译者前言,第2页。
② [澳]欧文·E.休斯:《公共管理导论》(第三版),张成福、王学栋等译,中国人民大学出版社2007年版,第61—62页。

2.2 绩效管理理论以及基层政府绩效评估系统

综合看来,在学术界对绩效管理界定基本上有两个基本观点,一是认为绩效管理属于管理个体(员工)绩效的有关系统;二是认为绩效管理属于管理组织绩效的系统。基本可以断定对个体的绩效管理大部分在组织内部展开。而实践中,对组织的绩效管理不仅注重内在监督亦强调外部控制。基本可以说绩效管理系统大概是由绩效计划、绩效活动开展、绩效评估、绩效回复和绩效评估结果的采纳五个要素组成。并且这五个要素是相互交织、相互联系、相互推动的。其构成要素及实施过程可在图2-1中显现出来。①

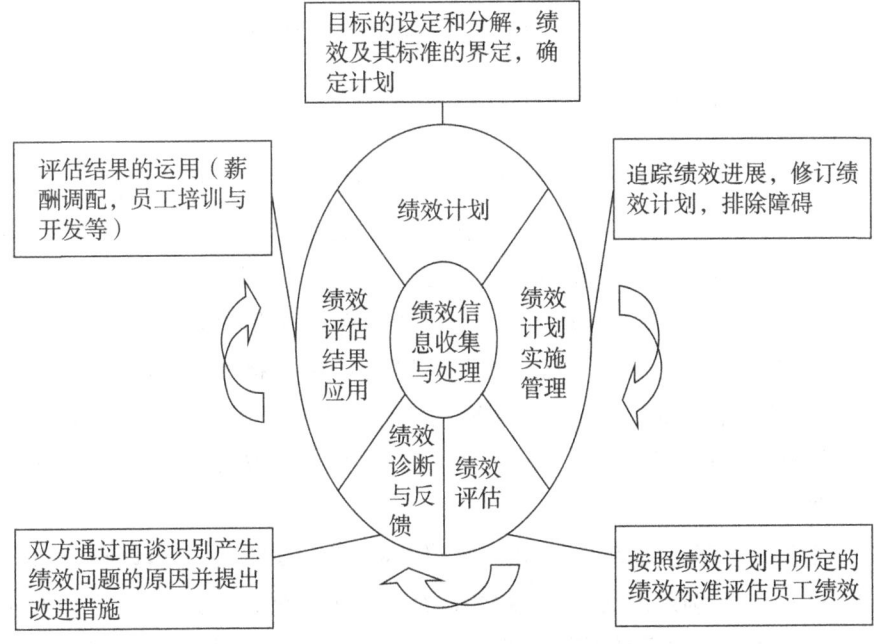

图 2-1 绩效管理系统的构成要素

经由上图的分析可以发现,绩效评估仅仅属于绩效管理的一个环节,属于其中的一部分。美国学者米歇尔·J. 勒贝斯认为,作为绩效管理的中心环节之一,绩效评估结果表明组织战略或行为结果。作为一种由绩效评估支

---

① 范柏乃:《政府绩效评估与管理》,复旦大学出版社2007年版,第12页。

撑的管理理念,绩效管理能够为绩效评估提供评估内容和对象,并在此基础上进行决策与改进。绩效管理是作为一个完整的管理过程,偏向于信息在整个管理阶段中的沟通和传递,凭借这个提高绩效,管理的意识伴随管理的全过程,强调事先的沟通与承诺。但是绩效评估仅是管理过程整体中的一个局部环节,关键在于判断和评估,属于一种事后评估的手段或方式。

绩效管理关注绩效评估。管理主义强调效率的价值取向,重视经由绩效评估来激发那些管理者的使命感以及应有的责任感。因此在一个机构的管理过程中,绩效管理以及对应的绩效评估是不可分割的。实施政府绩效评估,并不断完善绩效评估结果的采纳途径,需要有全局的观念理解,积极学习绩效管理的系统管理途径。

2.3 借鉴西方国家有关"顾客导向"绩效评估历程的客观需要

新公共管理理念固含"顾客之上"的价值理念,即把公众作为公共机构的顾客,同时把"顾客"满意当作政府施政的目标。另外,公共部门认为"顾客导向"为施政导向的主要目的在于契合和实现公民和公众利益,并且,这一目标已成为全球诸多政府从理论上达成普遍认同的政府行为目标之一以及相应的价值导向。所以,公众才是政府活动和政府管理的最终裁判员。建立和实现顾客目标制度,则强调政府或公共部门必须拿出明确的服务标准,针对顾客做出服务承诺,开展相应的顾客意见调查,以达成改善公共服务质量的最终目的。

新公共管理运动情势下的绩效评估亦认为绩效评估应当以顾客为导向,其中一方面绩效评估结果应尽快向社会和公众公布,同时另一方面则强调政府绩效评估过程必须积极吸纳公众的实际参与,以顾客满意当作绩效评估的根本标准,逐渐实现民主的绩效评估。实施政府绩效评估,全面地发挥人民当家作主的主人翁地位,切实经由法治建设实现和保障人民最看重和最直接的现实利益,其同时也属于国内评判政府绩效评估的尺度,这又与西方国家所坚持的"顾客导向"的绩效评估理念不谋而合。

2.4 我国基层政府绩效评估系统存在问题初探

开展绩效评估在国内尚处于起步和不健全阶段,以及发现和试点阶段,基本上还没有形成完整的绩效评估方面的管理系统。其中,在绩效计划制定、绩效评估实施、绩效结果运用等很多层面尚未有系统的实践操作,更遑论针对不同组织和不同层级政府实施绩效管理和绩效评估了。关于绩效评估,在评估主体方面的选择、评估指标方面的设计、评估方法方面的选择和运用等诸多要素里没有成熟的实践经验可供借鉴。

综合来看,国内绩效评估的问题在于:①评估主体的单一性。当下评估主体存在多位上级政府或机关自评,科学性和民主性令人怀疑。②绩效评估指标仍把效率导向作为主要方面,公平民主导向的指标系统尚未建立健全。③评估方法强调定性测量缺少定量测评,评估方法并未直接采取西方绩效评估阶段里运用成熟的测评手段。④在实施绩效评估阶段里并没有形成健全的制度和机制来约束绩效评估的各个环节,造成评估参与者主观随意性较大,同时存在程序违规情况。本书将特别从这几个方面着手,更深层地研究绩效评估主体、手段以及指标系统在政府绩效评估工作中的合理运用、完善,等等。

第 3 章
基层政府绩效评估主体体系建构及其行为分析

可以说,开展绩效评估一定是依靠人或组织来操作和实施的,任何实际开展的评估都不可能离开人的参与。同时,作为评估主体的人或机构的自身素质将会直接影响到绩效评估结果。因此明晰绩效评估主体是实施绩效活动的重要一环,起着基础决定性的作用。

3.1 基层政府绩效评估主体建构

当前,在我国绩效评估尚未经由体制和机制的健全来约束绩效评估主体的现实困境下,对于绩效评估主体的选择亦遇到诸多问题。受一般因素和政治惯性的影响,绩效评估主体一般是上级对下级开展评估,但是下级却很难对上级开展监督。乡村振兴战略背景下基层政府开展绩效评估主体的选择应依照不同评估主体的特点,建设一个科学合理的评估主体体系,全面增加社会公众或其代表的有关社会组织在政府绩效评估工作中的参与程度,方是应有的选择。

3.1.1 基层政府绩效评估主体的理论建构与现实考察

公共部门事务不同于企业单一组织的活动,并且公共部门的活动关联着社会生活的方方面面,所以涉及的利益主体一般也会有很多,在开展绩效评估过程中,很难确定一个单一的评估主体,并且从不同的角度来研究绩效评估主体,得出的分类和考察对象是不一样的。构建科学合理的绩效评估主体必须坚持的标准是将绩效评估主体的属性(包括立场、自身素质、能力等因素)与评估对象和内容相匹配。

对政府绩效评估主体构建的研究目前并无直接的研究成果发表。吴建南等在利益相关主体研究中将其作为切入点和理论基础,对有关区县政府绩效的评价实施者进行了分析和考察,指出政府(上、下级政府)、各级人大、公众(涵盖新闻媒体机构、各种自发组织的民间协会等)以及科学共同体(基本是指学术研究组织)等共同成为乡村振兴战略背景下基层政府绩效的评估实施主体。① 胡宁生依照绩效评估主体的来源和功能,将绩效评估主体划分成内部主体和外部主体两大类型。内部评估主体一般包括上级部门、本级同层部门、下级部门以及内部所属的独立评估部门。但是,外部评估主体一般涵盖权力机关、政党机构、一般社会公众、大众传媒单位、专业评估组织等诸多要素。② 范柏乃指出,从理论上看,在个别情况下,公共部门或部分政府绩效评估系统中包含六种类型的绩效评估可选模式,即上级评估下级、自我评估实施、同事(同级)评估部署、下属(下级)评估上级、顾客(公众)评估和行业专家评估等。③ 不过,卓越则提出公共部门绩效评估实施者应多元建构,这是促动公共部门绩效评估合理有效性的一个必须遵循的基本原则,其中评估实施者科学配比属于综合评估有效性方面的一个关键点。这一类型多元建构体系主要涵盖综合评估组织(涵盖政府内部专门监察机构、党委组织部门、同级人大、同级政协组织等)、上级直管领导、社会行政相对人、评估对象本人以及其他一些相关评估机构(包括政府公共可以公开的投诉中心、政府之外的关键机构)等构成要素。④

而政府绩效评估实施者的外部评估主体大概由政党组织、审计专业机关、社会公众、普通大众传媒、专业评估实施机构以及其他有关社会组织等组成。其一是政党组织。在我国,目前来说民主党派经由中国人民政治协商会议履行参政议政、民主监督等法定职能。其二是审计机关。绩效审计早就成为监督和评价市场主体组织以及政府职能实际表现的重要方式。其三是社会公众。在我国,一般公民对于任何国家机关及其所属的国家工作人员,有进行批评和建议的权力;而且针对任何国家机关及其所属的国家工

---

① 吴建南、阎波:《谁是"最佳"的价值判断者:区县政府绩效评价机制的利益相关主体分析》,载《管理评论》2006年第4期,第48页。
② 胡宁生:《公共部门绩效评估》,复旦大学出版社2008年版,第50-54页。
③ 范柏乃:《政府绩效评估与管理》,复旦大学出版社2007年版,第168页。
④ 卓越:《公共部门绩效评估的主体建构》,载《中国行政管理》2004年第5期,第17页。

作人员的违法犯罪及有关失职行为,有向法定的国家机关提出申诉、控告、揭发或者检举的权力。其四是大众传媒。作为具有"无冕之王"称号以及"第四权力"机构之称的大众传媒,在很早的时候就成为监督国家机关行为的一个有力工具,它既属于政府和国家机关意愿传达的"传声筒",也是人民群众表达意见、集中反映问题和要求的有效途径。其五是专业评估机构。主要包含那些专门从事绩效评估分析和实践的学术组织、社会团体以及专业咨询公司等商业机构,比如兰州大学中国地方政府绩效评价实施中心、麦肯锡咨询中心等学术组织和商业公司等众多组织。其六是社会组织。主要包含那些代表社会公众利益的非营利组织或政府机关之外的非政府组织等机构。

有关对政府绩效评估实施者的分类研究和探讨目的是更好地为明确剖析各实施者的优劣奠定基础。在实际的实施绩效评估过程中,绝对不会仅仅依靠单一评估实施者来开展评估,而需要依凭评估主体自身素质和有关的评估内容构建多元并且能够互动的评估主体体系。

3.1.2 基层政府绩效评估主体体系建构的不足

绩效评估自身是对公共部门开展的一种监督措施。不过评估主体的安排和评估体系的构建很大程度上是由公共部门自身或者法治建设相关部门来共同搭建的,必然会有"理性经济人"理念和动机在暗地里起着影响。对评估主体体系的搭建产生诸多问题。

其一是评估主体的心理存在误差。绩效评估主体依靠收集、整理和分析有关信息,并据以作出相应的专业分析。绩效评估全部系统很大程度上是由诸如感知、注意、学习、理解、记忆、推理等阶段构建的心理活动过程或理解过程。在开展绩效评估的整个过程中,信息的感知感受、评估人员自身的知识、经验、态度、理念和感情等因素都可能出现误差,致使评估结果出现误差。在绩效评估过程中,首因效应、次要因效应、晕轮效应、随波效应、情绪效应、固化效应、逻辑效应、仁慈化倾向、严格化倾向以及向心化倾向等心理误差肯定会影响和干扰绩效评估的实际效果,从而产生绩效评估结果的

第3章 基层政府绩效评估主体体系建构及其行为分析

偏差情况。①

其二是评估主体存在单一性倾向。目前我国绩效评估基本属于政府主导模式下的一种绩效评估,并且往往表现为内部单一主体。在当今我国法律方面的绩效评估中,立法机关属于最重要甚至是唯一的一个评估主体,一方面具有易获得有关绩效评估信息、评估经费能够得以保障、评估结果已得到复函和发现问题能得以及时解决等优点。但另一方面则会产生立法机关作为唯一机关垄断对当前法治建设的绩效评估,不利于多元评估实施者体系的培育和构建;还容易产生评估活动流于形式化,因为立法机关的评估很多情况下是自身的评估,很多情况下都流于形式,不注重有关的评估制度和机制的建设;同时还会造成政府绩效评估在一定程度上的运动化。很多情况下开展绩效评估往往是"雷声大雨点小",不能使绩效评估形成机制和制度长久定期开展和实施下去。

其三是评估过程中社会公众参与十分缺乏。一方面深受我国一直以来的传统思想与文化作用的政治生态和"臣民"理念的影响,公众参与绩效评估或者进行监督公共部门及其所属工作人员的效果十分微小。传统文化中对公共部门工作人员的"道德价值"的应然要求,推动公众将其看成"实然存在",造成公众对政府或官员产生"道德标杆"的理想化幻想,认为官员或公共部门属于以"高度负责"的"超道德"状态存在和运转的,殊不知一些官员抑或普通大众也有道德"短板"。而传统道德的"德性"假设,使得"臣民"意识下的公众参与政府监督是几乎不可能,况且也无此意识,这不仅有技术下的不得,亦有思想观念里的"无意识"。改革开放后,随着市场经济和社会民主氛围对传统旧思想意识的冲击,公众的"臣民"意识逐渐消解,"公民"意识逐步得以觉醒,但这一转变是需要一个过程的。而且,我们发现在政治体制改革和建设的整个过程中,制度性公民参与有关绩效评估渠道和途径不畅,特别是在某种程度上公民在遇到权力侵害时还想要依靠政府"为民做主"。"中国人的价值观可能会促使人们在个人利益受到公共权力侵犯时通过特定的途径提出对政府行为的质疑,但却不会保证中国人在这一观念的支配下对政府行为形成普遍的监督与控制"。②

---

① 范柏乃:《政府绩效评估与管理》,复旦大学出版社2007年版,第174—179页。
② 孟华:《政府绩效评估:美国的经验与中国的实践》,上海人民出版社2005年版,第145页。

其四是评估主体获取有关的评估内容信息困难。众所周知,获取完整、全面、科学、真实的绩效评估信息属于保证绩效评估效果的重要前提。但是在目前的绩效评估过程中,一方面面临着评估主体单一的困境,虽然立法机关作为政府绩效评估的最主要主体能获取相对完整而真实的信息,但是在社会主张公民权利的时下,仅靠单一主体来开展绩效评估已陷"步履维艰"之困境。另一方面在社会多元评估主体日益强盛的特殊情势下,有关评估内容方面的信息却不容易获得。当然其中这一方面固然存在政府传统行政模式,存在封闭性行政运转的连贯表现;另一方面亦彰显出公共部门相关的信息公开制度建设的绝对滞后。综合来看,产生真实信息获取困难的最根本原因仍在公共部门内部,不愿、不想、自利、不关心公共利益的"经济人"思想意识的作祟,使得评估实施者获取绩效信息被阻碍。

3.1.3　多元社会主体参与基层政府绩效评估方面的理论求证

一位外国学者尤根·哈贝马斯指出:"公共领域的一部分是由表现多样的各种对话构成,在诸如这些对话中,作为私人特性的人们来到一起,出现了'公众'。"[①]从这个定义中,可以发现,"公众"属于主张话语权的一个特殊"语言"。在开展绩效评估的整个过程中积极吸纳民众进入则成为必然,这种情况不仅从理论方面来说是合理的,亦是国家治理实际的需要所向。

首先,公共部门的特征与宗旨决定了应该积极吸纳公众的参与。因为公共部门是在人民授权的基础上形成的,不同于企业之类的私人性质的部门,公共部门必须对公众负责,并踏实地为公众谋取利益,保障和实现公众的利益。并且公共部门的公共性,昭显了公共部门的一切行为,应该符合公众的意志和利益。英国的哲学家洛克就曾经强调政府必须基于人民的同意,而且人们联合成一个国家的根本条件是人们的一致同意,另外,法律的制定和国家政权的组织、政府法定权力的运行也必须征得人们的同意。此外政府所属公共部门的权力来自公众方面集体的授权,没有公众的同意,公共部门的权力不得滥用,主权应在民。因此对于法治建设来说,国家法律是

---

① 汪晖、陈燕谷:《文化与公共性》,生活·读书·新知三联书店1998年版,第125页。

社会公众意志方面最直接的体现,不管是从立法还是在法律的实施和司法审判过程中,公众虽无直接切身参与的活动,不过其作为人民意志的集中体现,亦是保障公众意志和利益的重要基础。但是公共部门的运转是由很多人来操作的,虽然作为代理人原本应该秉持对委托人负责的价值目标,但"理性经济人"理念中的自利动机刺激,一般迫使公共部门在行动中会有损害公众意志和利益的举动,或者是中饱私囊,或者是收受贿赂为私人牟利,造成公共部门的公共性以及原来的应秉持的"为民负责"的应然公共属性在逐步消损,在法治建设中,甚至会产生"恶法"横行、贪赃枉法、徇私枉法、法律执行不公等情况和问题的出现,这很大程度上降低公众积极参与政府绩效评估的热情。这要求公共部门在实际开展绩效评估中全面吸纳公众参与,经由绩效评估及时查找和处理公众反映的问题,等等。

其次,属于有关新公共管理理论所强调的"顾客导向"理念的要求。我们知道,现代公共部门绩效评估是架构于新公共管理理论基础上的,而该理论基础的核心意识便是"顾客导向"理论或者说是"公众导向"理论。绩效评估属于一种以"顾客"为导向的服务机制,重点在于能否保障监督公共部门在供给与公共服务实践中提供方面的有效性,是为了梳理通畅公共部门与公众关系,提升公众对公共部门的信任采取的一项措施,其本质就是要彰显诸如服务公民和顾客至上方面的理念。所以一定会要求,公共部门的工作和活动要倾听顾客发言,以顾客利益为重,依据顾客的意愿和需求供给公共服务。因此,必须建立以公众为导向的绩效评估体系。这就强调在开展政府绩效评估过程中,应以公众为导向,开展绩效评估,推动法治建设。在绩效评估方面有关的指标与标准必须以公众满意为测评效果,全面开展公众满意度测评,切实做到让公众满意的一种法治绩效测评活动。

再次,一种民主行政模式的实践赋予公民参与的权利。真正的民主是公民主动的、直接的且不会被施加任何干涉的直接参与,所有添加中间过渡地带的一种公民参与模式都并非直接的民主。比如,《黑堡宣言》所宣称的一种民主行政模式的基础就属于必须以宪政为基础。推动公共行政追求公民主权的保障,实现公共利益,做到机会均等、公平正义等一般性的价值理念。法治既然属于对民主的保障,那么在法治建设过程中,特别是在法治政府建设进程中,当然必须明确行政权来自人民集体的授予,推动公众的意志能够在一个民主行政的过程中得以凸显和表达。按社会契约有关理论的内涵来说,社会公众权利的让渡是组成政府等公共部门的基础,它真正的权力主体,仅仅属于政府等公共部门知识法定代理人而已。所以,从根本上来说,政府及其所属的众多公共部门与公民之间属于一种服务关系,而不属于统治关系,甚至可以说属于一种双向的合作关系。所以实现民主行政,组成法治政府,必须开通一个能够保障公民利益表达的畅通渠道和途径,公民呼声和利益诉求能确实在行政过程中得到体现和反映。而绩效评估作为一个公众监督政府及其所属公共部门的工具,则为切实保障公众参与打开了"一扇门"。

代表公众利益的那些社会组织由于其组织性、社会公共性、非营利性等诸多特性,在代表公众参与实际的绩效评估中可以承担一种积极的角色。在全球结社革命风起云涌的情形中,社会组织就像雨后春笋般崛起,使得公众参与绩效评估确实有了可以信赖和依靠的基础。同时我国《宪法》亦强调,公民对于任何国家机关及其所属的国家工作人员,有提出有关批评和建议的权利;而且对于任何国家机关及其所属的国家工作人员的违法失职等诸多行为,有向有关的法定国家机关提出相应的申诉、控告或者检举方面的权利。这亦为公众真正参与政府绩效评估提供了最为重要的法律基础和保障。而现在重点性的问题是如何经由制度建设入手,确保公众确实、有效和有序的参与,这亦属于建设社会主义政治文明的实际需要、属于社会主义法治建设的根本要求。

3.2 基层政府绩效评估多元实施主体治理构建探究

积极吸纳公众实际地参与到政府绩效评估中,并不是排除其他评估主体的参与,而是要在这个公民社会的大背景下进一步地关注公民的意见和呼声。当然,在上文的论述中,我们已经强调过开展相应的绩效评估必须构建多元评估实施主体体系,充分发挥其中每一个评估主体的优势,并在对上文的法治建设内外部相结合的评估主体分析的前提下,构建合理多元互动的政府绩效评估实施主体体系,为绩效评估的实施提供有力的保障。

3.2.1 基层政府绩效评估多元实施主体有序治理的基本原则及相应标准

当前,"利益相关者"原理已变成了国内外众多学者开展对绩效评估主体研究的重要应用分析范式。不过,实际情况是我们不必过多考虑亦可得知,其中的每一个评估主体必然具有自身的优势,亦必然具有自身的劣势。实践中,为应对这一困境,应设置和贯彻基本的指导原则和相应标准来确保绩效评估实施主体体系的科学合理、恰如其分。

(1)评估主体的应然独立性。评估主体的应然独立性是保持绩效评估实际结果客观公正的首要基础条件。评估主体只有在实际的评估过程中保持独立,不被那些外界因素诸如行政权力、舆论等因素干扰,有关评估主体能够基于自身获取的相应绩效信息开展独立自主的、科学的绩效评估,并使评估最终结果能够得到实践和广大人民的检验。这种评估首先不属于被评估部门利益的反映,其也不属于公众、社会组织等群体性组织某种心理预期的表现,这个评估贵在评估主体是以客观、理性、中立的行为来确保评估结果的可信度。不过确实需要明确的是,评估主体由于受到个人生理、心理等因素的作用以及外在政治生态的不当干涉,不可能做到理想中的绝对独立状态,但是政治系统或具体的政治部门应该经由合理、合法的制度规章从而客观地对绩效评估工作实施管理,而不应当漫无目的地,甚至是随心所欲地乱加干涉。可以说,独立性主要体现在身份独立和财政资金独立两个方面。身份独立指的是评估主体不是任何公共部门或私人组织的附属体或派出体,应始终坚持自身独立的评估决策权。财政资金独立指评估的资金来源不仅只有政府财政这唯一来源,而应完善多元评估资金来源渠道,经由基金会或社会公众捐赠来保证自身财权的独立和自主。

(2)评估实施主体的专业性。这种专业性指的是评估主体具备开展某种实际绩效评估的专业技能,有着评估对象领域的专业知识技能,能够运用专业知识开展实际对象绩效信息的搜集、处理研究和运用等技能。基本可以说绩效评估主体必须具备专业的数据分析以及统计知识技能。绩效评估必须要对大量数据进行模型研究和统计分析,在信息采集中还必须具备调研考究能力,主要关联着诸如社会学、心理学、统计学等社会应用学科方面的专业知识。还需要具备诸如能确定和设计绩效考核指标,发现绩效考核指标权重,合理布局调查问卷,进行统计学价值的数据分析等能力。此外还必须具有归纳推演与逻辑推论等传统哲学素养,善于在实际调查数据采集的前提下,达到"去粗取精、去伪存真"之能效,从而切实保障结果的科学性。

(3)评估实施主体固有的权威性。这种权威性是在强调评估主体拥有权威方可在开展绩效评估中有利于绩效活动的开展,亦会保证绩效评估结果得到公众以及被评估部门的重视。基本来说,权威性的活动主要经由授权和自身影响力来获得。授权基本上来自政府等公共部门的授权;其自身影响力则主要经由自身的行为活动获得公众的一致认可,从而具有应然的"魅力型权威"。可以说,对政府绩效评估实施主体来说,最重要、最关键的权威性应主要来自上述强调的后者,即评估主体根据自身专业优势,在获取有关绩效信息的前提下,科学设定绩效评估指标以及关联指标权重,从而对实际的评估对象做出客观、科学、中立、真实的绩效评估结论,以此使自身努力所实施的绩效评估结果具有十分深远的影响力,使评估自身实际工作能具有权威影响力、波及力。

(4)评估结论的效用性。此处所说的效用性主要是指评估内容自身的有效性等方面,基本指的是评估主体能够在开展实际的绩效评估过程中,十分快捷地查找绩效考评中存在的问题,并查漏补缺,强调评价主体应该尽快地依凭简便易操作并不失要件的方式方法寻找当下可以弥补"漏洞"的手段。此外还指出评估主体在评估的整个过程中注意时间的要求,必须注重评估对象对时间方面的要求,一般来说实际的绩效评估并不十分强调长远效益,而在于经由短期的绩效评价尽快地发现问题。还应该思量评价主体的紧急性要求,因此,这要求评价主体必须将绩效评价结果及时迅捷高效地反馈给绩效评估工作的组织者,以便根据绩效评估结果提升部门绩效。一般来说效用性的主要表征属于时间性,而时间性则可以经由赋予评估主体的权力而逐渐得以提升,这主要取决于有关评估主体的权力抑或权威方面的大小、高低。

(5)评估实施主体应具备成熟的政治理性。这种理性主要反映的是评估实施主体在评估过程中的一种利益诉求,应在理性观点的指引下经由正常途径和渠道来加以叙陈和实现。这主要反映的是评估主体在开展实际的绩效评估过程中必须以高度的社会责任感,科学有序、客观公正地参与到实际的绩效评估过程中,并且积极自觉抵制外在个人非法私利的诱惑,通过翔实的绩效信息对那些评估对象开展客观公正、合理合法的绩效评估。不能由个人私利而迎合其中某个人或某个组织的需要,不仅要具有一种积极的参与热情,还必须具备一种成熟的政治理性,不为其自身以外的任何诱惑或干扰所惑,从而能够始终保持独立的评估实施主体人格,秉持一种科学精神和科学手段对评估对象开展实际的绩效评估工作。

(6)整个评估过程的成本要低廉有效。这个方面主要强调的是开展政府绩效评估工作属于耗费人力、物力以及有关财力的活动过程,同时实施政府绩效评估的重要意义在于对其所属公共部门的有关"投入—产出"情况开展考评。这就要求在进行乡村振兴战略背景下基层政府的实际绩效评估过程中,评估实施主体应从自身做起,积极自觉约束不必要的、无关的评估项目开支,首先要基于自身做起,为绩效评估创造一个良好的形象。同时开展实际的政府绩效评估需要哪些专门的技术人员来具体操作实施,那么在组织有关人力资源的整个过程中注重人才结构方面的合理搭配,避免可能的"吃空饷"现象发生。开展实际的政府绩效评估的重点就是为了检验法治建设工作的进展情况,引导司法实践中的法治建设部门用最小的投入成本,产出最大、最有社会成效的法治成果。并且,政府绩效评估的组织实施本身也属于法治建设的一项重要组成内容,应该在绩效评估的整个过程中将成本降到最低、把费用降到最少。

3.2.2 基层政府绩效评估不同实施主体间的优劣比较

实践中,我们不可否认的是,不同的评估实施主体自身特征要素不同,且又有无法相互替代的比较优势。不过评估主体因为专业技能、知识背景、个人心理素质以及评估工作态度的不同,往往会产生自身难以克服的局限,这就必然会直接影响到评估最终结果的客观性、科学性、可靠性和有效性的实现。

一般来说,基于整体视角而言,外部评估实施主体由于较少遭遇权力的不当"掣肘",其中的独立性和专业性较高,而且评估结果的权威性也相对较高,同时亦具有较成熟的政治理性特质,评估的过程成本亦能得以较好控制,不过其反馈给评估对象有关的绩效评估结果效用性却很有可能有所减损。并且在内部评估实施主体方面,基本上是体制内的有关组成成员,无论属于权力机关(也就是立法机关),或者是行政机关和司法机关,他们的独立性会大打折扣,即使司法机关的专业性相对较强。内部评估主体因为有权力的保障,其自身的权威性较强,同时由于有成熟、可行的部门流转程序,结果获取的效用性亦相对较高。当然,整个评估主体的优劣势方面的比较可用有关图表表示,并且对所有各个评估实施主体在符合评价指标既定的程度上用五个程度视角来表示,分别属于"很高""高""比较高""一般""比较低""不能确定"。对其具体分析的情况如表3-1所示。

表 3-1 基层政府绩效评估不同实施主体之间的优劣比较结果

主体的类型	评价指标内容	独立性高低	专业性高低	权威性高低	效用性高低	政治理性成熟与否	成本是否低廉
内部的评估主体	权力机关及所属内部法律事务部门	比较高	比较高	比较高	一般	不能确定	不能确定
	有关司法机关	比较高	很高	比较高	一般	不能确定	不能确定
	有关上级国家机关	很高	比较高	比较高	比较高	不能确定	不能确定
	有关依法授权监督机关	比较高	比较高	比较高	比较高	不能确定	不能确定
	评估部门自身	很高	不能确定	比较低	一般	不能确定	不能确定
	有关下级国家机关	比较低	一般	比较低	比较低	不能确定	一般
外部的评估主体	国内政党组织	高	比较高	比较高	比较高	比较高	不能确定
	有关审计机关	高	比较高	比较高	一般	比较高	不能确定
	社会公众	比较高	一般	不能确定	不能确定	不能确定	比较低
	大众信息传媒	比较高	一般	比较高	一般	比较高	一般
	有资质的专业评估机构	高	高	不能确定	比较高	高	一般
	有关社会组织	高	一般	一般	一般	比较高	一般

我们从表 3-1 可以发现,不同评估实施主体之间的优劣势是明显不同的,这再一次昭显了并不存在一个绝对天然良好的政府绩效实施评估体系。社会实践中绝大多数的评估实施主体都或多或少存在个体自身的局限性。举例来说,比如上级机关的评估常常带有明显的规范、管理、监督和检查等倾向,能够造成下级对上级唯唯诺诺,特别是产生上级满意群众不满意的不良现象出现。此外在评估过程中较多采用定性评估的手段,主观随意性和演戏走过场的可能性较大。另外,部门自身作为评估实施主体具有熟悉运行机制,真正把握部门业绩,简化评估程序,节约评估成本,对内还设定了激励部门成员工作绩效的价值,但是部门自身评估常常会流于形式,还会产生突出成绩、隐瞒不足的情况出现,评估的权威性大打折扣。社会组织当作外部评估主体的时候,本身具有的客观非营利性、志愿性、民间性、社会自治性

以及专业性等特征,好像与绩效评估主体的要求十分吻合,可以说属于一种较理想的评估主体,不过社会组织的"失灵"现象亦在理论上和实践中有所表现,如何对有关社会组织进行有效监督也是一个问题。综上可见,并不存在一个绝对的、合乎理想的单一评估实施主体,只能在现有的实际政治体系内,经由不断地改革和完善绩效评估制度,积极响应有关评估主体的各种呼声和基本要求,为评估主体能够更好地发挥作用创造一个相对良好的制度环境和氛围,奠定一个相对良好的评估基础。

3.2.3 基层政府绩效评估多元实施主体治理结构构建分析

由以上的分析可以得知,不同的评估实施主体都具有自身的固有特征和优劣势,如何避免评估主体的劣势,切实发挥评估主体的优势,建设一个尽可能发挥各评估实施主体优势的多元化的政府绩效评估主体体系,从而让政府绩效评估全过程更加客观、公正、合理、中立和科学十分重要。

秉持公共性的公共部门自身的法治建设工作,相对于各部门和个人及组织来说,其公共性和服务对象体现的是公众要求,理应多为民切实谋利,维护公众的合法权益。但是很多情况下公共部门关注的焦点并不完全在于社会公众,而根本是在于自身的利益。那么就像如此情况下的绩效考核,恐怕很难获得公众对其进行绩效考评的高评分结果。而对部门内部来说,因为部门利益的存在,其所属的部门内部往往对本部门自身的行为和效果有很好的、一致的认可,在开展实际的绩效评估中往往会有相对较高的评分和认可度。不过怎样解决单一评估实施主体对自身不熟悉的有关部门的绩效评估呢?当下一个切实可行的方式,就是在实际的政府主导型绩效评估实施模式向公民参与绩效评估实施模式的转变中,依靠有关政府主体地位,在有关政府的主导下,积极主动地吸纳公众参与到所有绩效评估的全过程,尽可能拓展评估主体范围,并科学合理地配置各评估主体在不同对象的评估内容方面上的相对重要性和应有的权重,在详细细分上述绩效评估内容的前提下,针对绩效评估过程中的不同内容构建一个多元互动的政府绩效评估主体体系,建设内部评估主体和外部评估主体优势互补的格局,协调不同主体之间的关系。

3.3 基层政府绩效评估多元实施主体体系运作及其评估实施行为分析

乡村振兴战略背景下基层政府绩效评估实施主体在开展绩效评估的过程中基本上把自身利益偏好当成价值导向，又因为不同利益主体之间存在的利益偏好和取向不同，所以绩效评估过程中的评估标准也经常会出现不同程度的"变异"，进而会造成评估结果出现不同程度的差异，甚至不同的评估实施主体对统一评估内容进行的最终考评结果和认知常常都不相同，甚或会出现相反的情况。

3.3.1 基层政府绩效评估实施主体行为的利益偏好以及所产生的影响

在罗斯科·庞德教授看来"利益就是一种请求、需求或需要"①，从中我们显然可以发现这一定义是从主体的个人主观需求来解释的。同时，国内学者将利益界定成"利益属于主客体之间的一种关系，显示为需要和满足这种特殊需要的措施"②。学术界另一种比较有代表性的概念理解为："所谓利益，就属于一定的客观需要客体在满足主体需要时，在各个需要主体之间开展分配时所形成的某种性质的社会关系的形式。"③我们发现，后一种定义显然是把相应的主体和客体结合在一起后考察利益关系的。我们综合来看，"利益属于主客体之间的某类关系，表现为对主体有价值的需求的满足，以及为切实满足需求所采取的一种有效和正当的手段。并且，利益与社会关系属于互为本质"。④ 既然能够说利益是社会关系的一种本质反映，那么社会关系应当在很大程度上表现为那些诸如个人与个人、个人与组织、有关组

---

① [美]罗斯科·庞德：《法理学》第3卷，廖德宇译，法律出版社2007年版，第18页。
② 孙国华、朱景文：《法理学》（第2版），中国人民大学出版社2007年版，第13页。
③ 王伟光：《利益论》，人民出版社2001年版，第74页。
④ 覃福晓、金小鹏、童庆平：《立法过程中的利益表达与整合机制研究》，中国民主法制出版社2011年版，第21页。

织与组织之间的关系。在实际开展绩效评估过程中,因为属于对他人的评价,评估实施主体间很大程度上会从个体自身角度来分析利益得失从而得出评价、结论。

其实综合来说,政府绩效评估实施主体行为背后的那些利益动机和利益偏好以及开展评估的相应结果的差异,基本上仍能够归结到"理性经济人"效应要素在绩效评估中的作用价值。公共部门及其所属的工作人员必须为实现公众的利益和实施公共职责而开展工作,这属于政府本质的应然要求,亦属于公共机构及其所属的工作人员所应秉持的一种价值导向。但我们不可否认的是,在当今的现实生活中,公务部门的自身组成成员或公务员却又属于具有理性经济行为的一类个人,理性经济行为所产生的必然结果就是他们一定会追求个人利益方面的最大化,即使有众多公共制度的约束,他们可能也会铤而走险,不断运用手中掌握的公权最大限度地谋取私利。有人指出:"假若把权力授予一群那些称之为代表的人,如果存在可能的话,他们也必然会像其他人一样,利用他们手中的权力无限谋求自身利益,而不是尽力谋求社会利益。"①对此,曼瑟尔·奥尔森先生亦曾指出,集团成员对所属的集团利益会有共同兴趣,但是对于为获得这种利益可能要支付的成本却没有一个共同兴趣,每个人都非常希望别人支付全部所需成本而自己得到一份可观的收益。② 由此可以发现,受理性经济思想的主导,在没有有效的法律制度约束的情况下,那些公共部门及其所属的公务人员很大程度上可能会利用握有的权力去最大程度地谋取自身利益,从而在实际的绩效评估过程中必然站在自身角度去考量自身利益的得失,造成评估结果出现很大的利益差异,造成公众对评估结果的质疑。

既然评估实施主体的利益差异已经不可避免,如何整合这些不同评估实施主体的利益差异,使有关主体间的评估差异能够在最大程度上降至最低,则是需要尽快解决的问题。整合那些不同利益主体的差异,实际上很大程度上需要有法律制度、机制上的构建和支撑。通过制度和机制上的硬实力的制约和协调,让不同利益主体利益方面的差异达至一定程度的、相对的

---

① [美]丹尼斯·C.缪勒:《公共选择理论》,韩旭、杨春学等译,中国社会科学出版社1999年版,第303页。
② [美]曼瑟尔·奥尔森:《集体行动的逻辑》,陈郁、郭宇峰、李崇新译,生活·读书·新知三联书店1995年版,第18页。

"均衡"或"均势",让不同的利益主体在有关绩效评估内容的重视焦点上能够尽可能保持中立和客观,以使那些不同主体所测评的最终评估结果最大程度上实现"吻合"。

3.3.2 基层政府绩效评估多元实施主体间的利益差异以及整合措施

乡村振兴战略背景下基层政府绩效评估多元实施主体既涵盖有内部评估主体,亦涵盖外部评估主体。对此,我们在上文已经分析表明,其中各个评估主体在实施绩效评估中会呈现出一种不同的利益差异和利益偏好,可以说每一个评估实施主体就是一个独立的利益主体,只不过各个实施主体的影响力、活动的合法性等方面的不同,在整个绩效评估过程中所扮演的有关角色和承担的责任亦存在很大不同。在这里引入一种"利益相关者"理论来研究乡村振兴战略背景下基层政府绩效评估实施主体的利益差异所在。

"利益相关者"概念可以说自从在企业组织绩效考评活动中得以应用以来,就已经得到国内学者的广泛重视与研究。在国外,对此种"利益相关者"理论分析探讨最具权威的定义确实是由费里曼所阐述的,他指出,"利益相关者是指一种那些为了实现自身目的进而依存于企业,且企业一定会为了自身的持续发展也将去依托其存在的个人或者有关群体,如投资者、员工等"。到了1963年的时候,美国斯坦福研究所强调利益相关者是指与有关主体利益密切相关的一个经济群体。而在那些关于利益相关者进程的部分研究中,有学者发现有三个概念能够用来衡量利益相关者理论自身的发展进阶,概括来说,这三个概念就是"利益相关者影响说""利益相关者参与说""利益相关者共同治理说"。"利益相关者影响说"认为认识利益相关者团体自身的需要及其所关切的事情进而成为制定有效的公司既定目标所必需。其重要价值就在于利用、采纳"利益相关者"这一全新学说扫描外部变化并收集全面的相关信息为应对不利环境挑战、增强组织绩效服务;而其中利益相关者问题被当成外部环境因素加以分析和处理;对传统的公司股东至上观念形成初次有力的冲击。到了"利益相关者参与"这个阶段,主要表现为以下方面:利益相关者被吸收从而进入组织决策与管理的整个过程,但参与的范围、参与内容程度等诸多方面都遭遇了管理层的权衡和限制,因此其总体上仍处于被管理以及一个相对从属的地位;开始了一个传统股权至上的决策与管理格局的破冰之旅。接着到了"利益相关者共同治理"这个阶段，主要观点是强调"所有的利益相关者都必须参与公司治理"。并指出利益相关者权益与传统的股东权益应当受到同等对待；其中利益相关者作为一个平等主体与其中的股东一道遵循平等互利合作的原则共同对公司进行治理，分享决策权力和管理权力；传统的"股东至上主义"观念已经遭到彻底颠覆和超越。[①] 综上，我们可以发现"利益相关者"理论渐次发展的三个阶段，一般呈现出一种内在价值目标转变的路径，其关键的特征便是逐步扩大那些利益相关者主体在有关企业管理或企业绩效评估过程中的参与程度和深度，其主要方向在于维护利益相关者主体自身的利益实现。

在如何区分这些利益相关者主体的不同价值和影响力方面，美国学者米切尔(Mitchell)的相关研究最为后人称道，也最被学者广泛引用。同时米切尔等现代几位学者依凭利益相关者各主体间的固有关系和特征，按照主体自身权力性(Power)、合理合法性(Reasonable legitimacy)、现实迫切性(Urgency)三个方面的标准将利益相关者实施主体分为七个类型，其中所谓权力性指的是在社会关系中强迫相对的另一方不愿做而又必须、不得不做的力量，其前提在于权力、政府权威、物质财富等；而其中的合理合法性指的是组织或个人的行为以及有关行动在社会公认的价值观、世界观、信念之内是可取的、可行的、适当的，其前提在于个人、组织和大众社会等；其中的现实迫切性指的是利益主体呼吁利益尽快引起注意的程度，其前提在于时间敏感性、主体呐喊的重要性和与有关利益主体的关联性等方面。依凭这三个标准而具体总结出来的"利益相关者"所包含的七个类型如图3-1所示。[②]

[①] 王身余：《从"影响""参与"到"共同治理"——利益相关者理论发展的历史跨越及其启示》，载《湘潭大学学报》(哲学社会科学版)2008年第6期，第29页。

[②] Ronald K. Mitchell、Bradley R. Agle、Donna J. Wood. Toward a theory of stakeholder identification and salience: Defining the principle of who and what really counts, Academy of Management Review, 1997, 22(4), pp. 853–886.

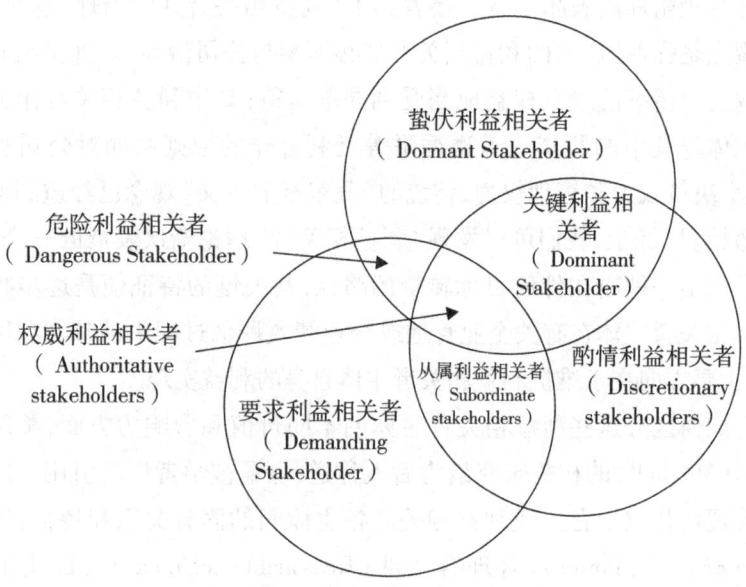

图 3-1　利益相关者类型图示

乡村振兴战略背景下基层政府绩效评估工作不同于企业强调经济效率、资本运营现象等经济性指标测量内容，却另外注重法治建设中有关建设主体的职责履行、取得的法治成效等非经济性指标内容。而其评估主体亦大多属于不同市场经济组织内部的利益相关者。不过米切尔提出的"利益相关者"理论总结出来的七种主体类型，确实为我们研究和探讨政府绩效评估主体提供了理论借鉴，并且其采用分类标准并非依照企业经济指标来划分，这就为我们借鉴研究政府绩效评估实施主体的利益差异供给了分析框架。诚然，米切尔在依据权力性、合理合法性、现实迫切性三个主要标准将利益相关者实施主体分为七个类型后，接着又对其进行了归类，并渐次分析各利益主体的自身特征和利益偏向问题。

第一种属于潜在型的利益相关者学说。其中主要包括诸如蛰伏利益相关者理论、酌情利益相关者理论以及要求利益相关者理论等主要的三种类型情形。

(1)蛰伏利益相关者理论。我们经过分析发现，这一利益相关者类型的有关主体只拥有影响力，并且能够经由其影响力将其意愿施加于组织或部门，但是其缺乏合理合法性和现实急迫性，他们的影响力依旧发挥不了多大作用。因此，在政府绩效评估实施主体中，社会组织和相关的专家学者以及有关的专业评估组织机构均属于典型的蛰伏利益相关者。但是这一类型的利益相关者自身在绩效评估中由于其个体具有专业、客观、中立的独特特质，使其在社会实际生活中往往受到大众的关注，不过其没有合法性和利益方面诉求的现实急迫性，往往与那些绩效评估主导部门发生各种关系。但是一旦其具备了合理合法性和对利益的现实迫切诉求，其参与实际绩效评估的影响力效果将会很大。这在很多西方国家开展实际绩效评估中往往根植于社会组织和专业性评估实施组织所取得巨大的实际社会效应便可得出结论。

（2）酌情利益相关者理论。对于这一类型的特定利益相关者来说，我们经过研究发现其具有合理合法性，但并不含有权力性和对利益实际诉求的现实急迫性，但他们常常会为社会公共利益而到处奔波，但限于自身无权和个体自身利益并不受不当侵害的考量，常常对绩效评估对象产生不了多大压力。在我国，一个典型代表是民主党派政党组织。实践中，民主党派往往通过议案对社会公共事务进行常态化监督、保障决策的科学性。

（3）要求利益相关者理论。我们研究发现，这一类型的特定利益相关者具有特定利益呼吁的紧迫性，不过常常因为没有权力性和现实合法性，导致他们就像"蚊子一样始终在管理者耳边嗡嗡"，尽管令人生厌，但不会产生危险和麻烦，并不会引起管理者的注意。而且他们没有能力且也不主动去取得权力，将他们前期的呼吁变得更为突出，由于这些迫切性呼喊的声音实际并没有多大效力。因此，在日常生活中，传统大众传媒属于这一利益主体的典型代表者。他们往往会为了社会公共利益或公众的集体利益来表达相应的利益诉求，但很少会经由切身的行动来解决问题，多数表现在口头上的表达。

第二种属于预期型利益相关者理论。这种理论学说主要涵盖关键利益相关者理论、从属利益相关者理论以及危险利益相关者理论等三种类型。

（1）关键利益相关者理论。我们通过仔细分析发现，这一类型的特定利益相关者拥有一定的权力性和合理合法性的特征，他们常常使用权力和合法性来回应其他主体利益诉求的现实紧迫性，并能采取实际行动来回应和要求组织部门的工作，但他们需要明晰其与组织关系的重要性。当然，这一类型的代表属于司法机关。诚然，司法机关作为一个法律部门，是国家依法成立的司法机关，因此其在绩效评估中充当关键角色，但由于"司法独立"的原则内涵，要求司法机关能够独立自主地行使法律所赋予的权力，并且不得受利益团体的不当影响和干涉。

(2)从属利益相关者理论。综合分析来看,这一类型的利益相关者具备一定的合理合法性和利益诉求方面的现实紧迫性,但苦于无法获得有关权力,只能通过自身的无奈呐喊来尽可能获取自身利益的实现。同时,这一类型的利益相关者大概率要依靠其他的特定利益相关者或有关组织的管理者来获得想要的权力实现自身利益的迫切意愿。这一类型的代表属于公众。不过,在我国目前的政治生态中,公众基本都是处于弱势地位,单个人只能经由社会组织或大众传媒的途径进行自身利益诉求,进而获得相应权力主体的关注从而获得利益的实现,达成既定的目标。

(3)危险利益相关者理论。对于这一类型进行研究分析,我们发现此种类型的利益相关者有着权力性和实际利益诉求的现实紧迫性,但合法性则很小,并且从字面上来看,对组织来说将是"危险"的。实际中,这一类型的代表是有关下级国家机关或者属于有关协同部门。有关下级国家机关或相应的协同部门在参与实际的绩效评估过程中,尽管具有权力和利益诉求的现实紧迫性去对其对应的上级国家机关或所属的公共部门进行绩效评估,但因为自身地位的层级,常常对上级国家机关形成一种"依附"关系,会使绩效评估结果遭到社会公众的质疑,最终评估结果的合理合法性大打折扣、受到广大公众的普遍怀疑。

第三种属于权威型利益相关者理论。综上研究,我们发现这一类型的特定利益相关者将会拥有一定合理合法性和权力性,而且因为这两个特性会使其处于中心地位,一旦其利益诉求因为某种因素变得紧迫时,被评估的有关组织或公共部门应该优先对其做出回应。当然,这一类型的代表属于权力机关及相应的内部法律事务部门、有关上级国家机关、相应的依法得到授权的监督机关、部门自身个体、审计机关等诸多机构。这几个特定利益主体,都包含较大的权威性、合理合法性,一旦在实施绩效评估过程中特定利益需求因为某种原因变得紧迫,那么被评估的有关组织或部门将不得不迅速地做出回应。尤其是最近这些年来,在我国,政府所属的审计机关的功能越来越受到重视,多次的"审计风暴"正是响应了公众对有关公共部门进行监督的底层呼声和基本要求,也是整个模式意欲达到的目的。

以上基于特定"利益相关者"理论进而对乡村振兴战略背景下基层政府绩效评估实施主体进行了分类研究,经由研究可以发现,那些不同的利益主体是包含不同特性的,这就决定了特定主体在绩效评估中的特定地位和角色扮演。另外,从以上的分析中可以发现,之前根据主体的既定来源和性质的不同而划分出来的内部评估主体以及有关外部评估主体,在"利益相关者"理论的特定分析框架又被完全打乱,经过分析,我们发现这主要是由于研究视角的不同而产生的。更为关键的是怎样使具有不同利益倾向的评估主体在开展基层政府绩效评估过程中最大程度地维系评估结果的科学、客观、合理和有效,如何整合不同类型评估主体的利益偏向,其根本上来说是需要解决的一大问题。不过在笔者看来,在尽最大努力扩大评估主体参与的前提下,应加强培育评估主体自身的科学、理性的利益观,应当以成熟、理性、科学的理念来指导个人行为,并且在绩效评估过程中让个人利益与社会利益、集体利益尽可能地达到协调一致;还应构建一个多元实施主体利益整合技术平台,经由搭建绩效信息系统,逐步搭建绩效评估实施主体信息沟通机制、网络信息共享机制来最大程度上使各评估主体尽可能广泛地获取信息,为科学、知性、理性、客观的绩效评估创造基础;还应强化相应的绩效评估主体的责任感,其中,一方面要约束管理绩效评估活动的所有环节,另一方面可思量构建评估主体责任实施机制,将评估结果与有关评估主体的收入和固有的职业声誉挂钩,提升评估主体的责任感、增强其成就感。

3.3.3 基层政府绩效评估多元实施主体体系的运作框架

基层政府绩效评估实施主体的构建是在多元实施主体参与的前提下协调运转。实现多元实施主体的协调运作首先需要强调的是多元主体的实际参与,这不仅需要有关组织得以保障,更需要基于长远机制的建立来达成,同时评估主体归根到底是迫切需要单个人来组织实施的,这种情况亦应对评估主体实施政府要求的、必要的绩效评估培训,还要在一定程度上赋予评估主体不同的标准权重来实现基层政府绩效评估多元实施主体体系的协调运作,构建一个科学合理的分析框架。

(1)逐步完善乡村振兴战略背景下基层政府绩效评估的现实组织。在多元特定利益主体成为基层政府绩效评估潜在可能主体的当下,必须关切这一现状,并积极采取手段培育和吸纳多元主体加入乡村振兴战略背景下基层政府绩效评估工作的实际运作中来。一是要健全内部评估机制,在我国当前情况下,内部评估主体在目前依旧是最具权威和占据主导作用的主体,应在价值意识、技术平台的构建等诸多方面继续完善既定的内部评估主体。二是积极组建"独立第三方——社会组织"以及有关专业评估机构等主体。那些专业评估机构及其可以凭借的专家用其专业的知识以及态度对评估结果发挥着举足轻重的作用,必须根据绩效评估所涉及的情况来聘请专业评估机构加入。而独立的第三方——一个社会组织以其志愿性、公共服务性和基层性来加入绩效评估往往会获取公众的极大支持,由于"民意的收集工作由没有利益牵连的第三方开展具有独立性,能够从一般机制上保证评估结果更加科学、客观和公正。只要是来自国家政府本身,不论其身份怎样,属于哪一级哪一个类型的部门,都很难绝对做到没有利益牵连,也很难切实站到社会公众的角度,最终结果也可能难以令所有社会公众信服。"①三是扩大公众直接加入评估的范围。"因为公民或公民团体的加入为决策带来了更多的科学、有效信息,这使得决策自身的质量有望提高;随着广大公民参与到决策过程中,一般公民对决策的接受程度大大提高,从而推动了决策的成功执行;加入的公民能够辅助提供社会公共服务,那么所有公共部门提供的服务就必然将更有效率和效益;那么,公众参与将会提升公民对于政府行为的容忍度,从而减少人们对有关政府机构的批评,根本上改变官僚遭到围攻的困境。"②从而促使二者形成良好的关系。

(2)提升对评估主体的系统培训力度。提升对评估主体的培训力度,使其系统掌握评估的手段、方式和评估指标等全部内容,有利于从技术层面规避评估主体自身所带来的绩效评估结果的差异。一是对评估主体实施绩效评估指标内涵及其外延的培训,使评估实施主体能够根据所意欲评估的指标含义有目的性地做出评估,并使其真正掌握评估技术,真正把握评估标准、评估程序。二是让评估主体系统全面地了解评估过程中容易产生的误差及其规避措施,另外还应经由培训让评估主体准确地理解评估中使用的事实依据,应该学习有效地和被评估对象开展相应的绩效沟通,科学地记录和获取相关的绩效信息。三是培训评估主体合理选择评估时间,在开展评估之前,培训评估实施主体正确选择即将开展的评估时间的技能,以确保能专心进行评估,并且不受其他要素的干扰,并通过选择即将开展的评估时间,保证评估实施主体在评估时间内,态度端正,不受外界事物的影响。四

---

① 周凯:《政府绩效评估导论》,中国人民大学出版社2006年版,第215页。
② [美]约翰·克莱顿·托马斯:《公共决策中的公民参与:公共管理者的新技能与新策略》,孙柏瑛译,中国人民大学出版社2005年版,第153页。

是培训评估主体理解严格的评估程序。培训评估实施主体严格按照评估既定程序来开展评估工作,那么在评估前,应广泛全面地搜集信息、阅读相关评估所需材料并听取委托单位的系统介绍。评估实施主体之间应主动交流看法。评估结束后,那些评估机构还要注意及时收集委托单位的反馈信息,及时追踪评估的后续阶段活动信息,发现其中存在的不足从而不断对其进行完善。

(3)积极构建评估实施主体多元化的长效机制。必须确保基层政府绩效评估实施主体多元化,重要的要素在于构建评估实施主体多元参与情况的长效机制,避免"运动式"评估所造成的种种弊端,使多元评估实施主体从一种"方式""手段"或"活动"变成一种制度和机制。一是我们从立法上保障绩效评估主体多元化的根本地位,保证那些利益相关者成为政府实际绩效评估的主体,切实参与法治建设。二是从法律上保障绩效评估多元化实施主体的威信,保证绩效评估主体享有相应的调查、评估有关政府公共部门或组织及其所属工作人员的权利。三是通过立法确定政府实际绩效评估主体多元化方向的制度和规范,对评估实施主体、评估内容、评估采用的方式等评估细节做出相应的决定,使评估活动有序开展、有法可循。四是建立健全多元实施主体评估激励机制。一方面经由体制性激励,为评估建构一个良好的环境,扩大公民实际参与的方式。另一方面采取方法性激励,经由财政资金预算方面的支持,或者将开展评估对象的薪酬、职务升迁、奖惩、岗位任免等与评估结果相挂钩,发挥评估活动和评估结果的应有价值。

(4)科学设定基层政府绩效评估实施主体之间的权重。当前,在存在多元评估主体的条件下,将绩效评估过程中的内部主体和相应的外部主体相结合,既全面发挥内部评估主体在有关信息掌握方面的优势,又尽可能发挥外部评估实施主体在绩效评估价值目标方面的保障,这不仅属于一个技术性的问题,亦属于一个价值导向的问题。从现实情况来看,国内尚缺乏一个统一的绩效评估实施主体权重的划分,基本上是各地依照自身实际探索评估实施主体所占的权重。不过从长远来看,绩效评估更应该强调公众的参与,达成绩效评估的客观性以及公众参与的价值目标,逐步降低部门自身开展评估的权重,不断扩大社会公众或有关社会组织的权重,使那些曾经的绩效评估实施部门自身所占权重全面地向扩大公众权重的方向进行转变。其实近年来各地方政府开展的绩效评估过程中,其已开始拓展社会公众在评估过程中所占的权重。就像2005年在福建莆田地区开展的政府绩效评估工作中,要求政府部门必须在评估中所占分值确定比重为70%,一般社会公众评估分值确定占30%。另外,福州市在2005年的时候,政府绩效评估工作中则规定一般社会公众评估分值占全部总得分的40%。这些地方实践均说明拓展社会公众在绩效评估工作中所占分值比重早就成为一种趋势,同时亦属于彰显绩效评估从效率导向型向公正导向型转变,以及政府及其所属的公共部门价值理念的良性嬗变,实现其应有的价值。

第 4 章
基层政府绩效评估的指标体系研究

绩效评估指标在整个政府的绩效评估过程中发挥着关键性的作用,因此,绩效评估指标体系可以说属于价值取向与具体指标的有机统一。一方面,指标的有效设定直接决定了评估最终结果的价值理念,属于整个绩效评估价值意识的直观反映;另一方面,通过科学手段确定的具体指标是价值意识的外在表现和直接适用的评估标准的具体细化,属于绩效评估的具体落实和执行。

4.1 基层政府绩效评估指标框架体系构建存在问题及其发展方向分析

乡村振兴背景下有关基层政府绩效评估,不管在实践方面还是理论探索方面都取得了十分巨大的成绩,但毕竟实施专门的政府绩效评估工作在国内并不特别广泛,再加上国家尚未出台统一的基层政府建设指标框架体系,因此造成指标框架体系的设置基本上呈现单独设计、单独评估、自成体系的状态。其中存在的主要问题表现为:乡村振兴战略背景下基层政府绩效评估指数在实际测评过程中可信度以及相关有效性问题。

在实际测评过程中,大多是按照满意度指数来测评,基本可以说,满意度对政府开展绩效评估没有明确的诊断疗效,基本上说明的是普通公众的整体满意度。另外在计算和测量过程中,多数情况下采取的是主观意见的度衡,致使很难做出具有相当可信度的数据测量。同时在实际数据测量过程中,大多数指标是无法具体测量的,只是指标自身的有效性检验受到一定程度的制约,另一个具体问题是,很多指标已经超出了作为基层政府以及相关国家机关及其所属公共部门所能承受范围。所以在不同层级的地区实施绩效评估应充分思量这一问题,在政府开展的绩效评估指标的设计和具体构建中应制订针对性的对策和措施。

4.2 基层政府绩效评估指标框架体系构建的基本流程

乡村振兴战略背景下基层政府绩效评估指标框架体系是一个全面度量基层政府法治建设方面的现状与效果的工具,要想让这一指标科学合理,在具体指标遴选过程中,必须按照一定的原则和流程。具体的绩效评估指标体系首先必须坚持系统性原则,而且指标体系能够全面和有效地对乡村振兴战略背景下基层政府法治建设状况做出全面的评估。其次是可操作性原则,指标体系应该能使多元评估主体开展实际的操作,并且评估实施的对象亦能有效地加入其中,这需要指标设计必须具有很强的可操作性。最后,乡村振兴战略背景下基层政府绩效评估指标框架体系应符合国家法治建设的根本原则和精神以及法治建设的基本目标。这要求在具体指标设计的过程中,必须将法治建设的精神内核具体化为诸如符合法治价值和精神的实际政府绩效评估指标框架体系;还必须对权力主体在履行其权力过程中是否遭遇法律控制以及公民权利能否切实得到法律的维护进行实际评估,着重评估乡村振兴战略背景下基层政府法治建设是否确实符合国家法治的基本目标所提出的要求。

乡村振兴战略背景下基层政府绩效评估指标框架体系的构建除了需要按照必要的、一定的原则要求之外,还需要按照合理科学的流程。乡村振兴战略背景下基层政府绩效评估指标框架体系设计应遵循的主要流程包含:基层政府绩效评估内容方面的特征分析、绩效评估内容方面的目标分解、绩效评估目标自身要素调查、绩效评估指标自身的检验与修正等环节。总的来说,乡村振兴战略背景下基层政府绩效评估指标体系构建方面的基本流程如图4-1所示。

第 4 章 基层政府绩效评估的指标体系研究

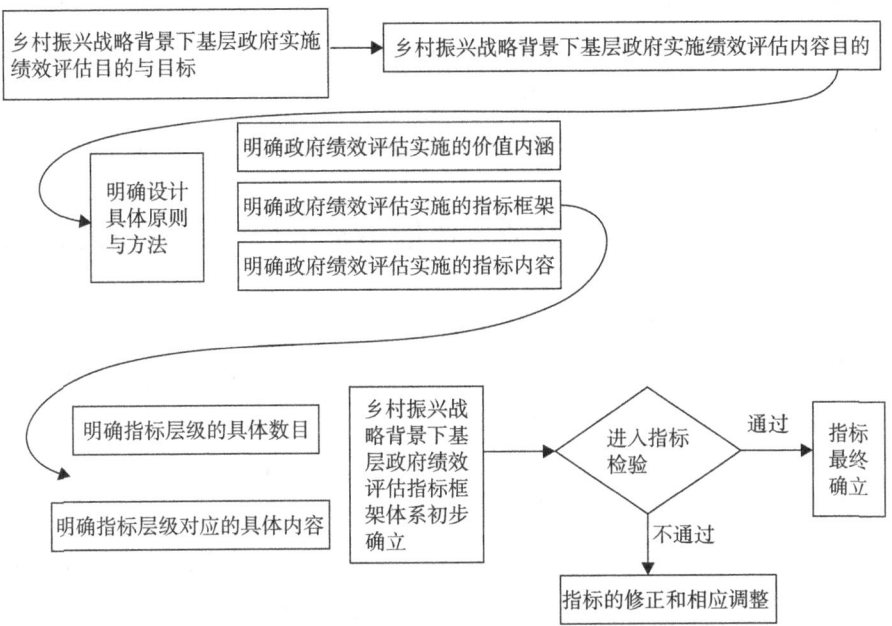

图 4-1　乡村振兴战略背景下基层政府绩效评估指标框架体系设计流程

首先,要确定具体的评估目的与目标。这个评估目的与目标的确定可以说对指标体系的设计具有特别大的指导意义。我们对乡村振兴战略背景下基层政府法治绩效方面开展评估主要是对当前法治建设的目标进行评估。那么,这就要求法治建设具体目标的分解与绩效评估具体指标相对应和相一致。

其次,我们对乡村振兴战略背景下基层政府法治建设方面的内容进行系统的分析和细化分解,主要是依据要素的分解方式,对法治建设的内容体系方面进行相对合理的板块状样式的分解,以便在具体调查研究中可以有较为清晰的针对性以及指向性。

再次,在坚持法治绩效具体指标设计原则和方法的基础上或在具体调查研究的基础上,必须设定乡村振兴战略背景下基层政府绩效评估具体指标框架和主要内容,另外还要对指标框架和体系展开阶段性分析,明确指标层级的具体数目和每一层级的具体指标对应的主要评估工作内容。

最后,在乡村振兴战略背景下基层政府绩效评估具体指标初步确立的基础上,对指标体系展开系统的有效验证。若指标通过检验就将指标体系确定下来,如果未通过检验则需要对相应的指标体系进行修正和调整。同时，在检验乡村振兴战略背景下基层政府绩效评估指标框架体系的过程中，必须确保指标框架体系符合完整性和全面系统性以及符合法治的价值内涵和基本目标，并且还要保证指标之间的相对独立性，同时还应最大程度上确保指标的可测量性以及相应的可操作性，从而保证绩效评估的顺利进行。

4.3 乡镇层级政府绩效评估指标框架体系的逻辑架构

要建立乡镇层级政府绩效评估指标框架体系，必须先确定一个有效的绩效评估指标体系方面的逻辑框架。在开展企业平衡计分卡的一个四维逻辑框架基础上，持续对其进行修正、补充。

（1）将乡镇层级政府的发展战略定为努力建设服务型政府，这些年来，国内许多省市一级政府相继总结了"建设服务型政府"的有关战略目标。学术界大多对于"服务型政府"做出如下界定：一是指注重增强公共服务质量的政府，二是指具有较强的社会公共服务职能的政府。增强公共服务质量，主要关联着政府职能的重新定位、机关行政改革的新取向等问题。可以说，建设服务型政府与上述三项转变具有密不可分的直接联系；其一，政府必须从偏重履行经济职能的角度转变为履行经济职责与保证履行社会职责并重的角度；其二，行政改革必须从偏重于解决体制问题的视角转变为偏重解决社会公共服务质量问题的视角；其三，政府提供的所有公共产品必须从偏重于管制的视角转变为偏重于服务的视角。同时，在社会主义新农村建设一片大好的形势下，乡镇层级政府作为直接面向广大人民群众的基层组织，其向乡镇居民提供一个高质量的公共服务属于乡镇政府履行社会管理和社会公共服务职能的必然性要求，因此，将乡镇政府战略定为建设服务型政府是适时的，也是适度的。

（2）将财务状况指标具体修正为行政成本指标。实践中，企业财务状况纬度确实能够反映企业战略的制定、具体实施和执行是否正在努力为最终企业绩效的改善和增强作贡献，并直接显示股东利益，属于平衡计分卡的一个重要指标。常用的财务状况方面的评估指标包括诸如收入增长指标、投入成本减少或生产率增强指标、资产利用或实际投资战略指标。同样，乡镇政府也应该需要从财务类角度确定相关政府的行政绩效，由于政府行政并不追求实际的利润、效益，企业要为自己的股东负责，而政府却要在为上级政府和公众负责方面努力，因此，要论效益的，不得不将其修正为行政成本方面的指标,行政成本指的是政府行政行为及其实施绩效工作所耗费的一切支出,涵盖政府管理内部运行投入成本和行政过程中的那些必要支出性成本,等等。

(3)将顾客服务指标具体修正为政府职能指标以及社会公众评议指标,一般来说顾客作为企业的终端目标针对对象,对于企业的实际绩效具有至关重要的作用。随着企业面临的市场逐步从"卖方"向"买方"进行转变,"更好地满足有关顾客需要"的观念,早就成为现代企业最基本、也是最重要的经营管理观点之一。而作为乡镇政府来说,向乡镇区域内的居民提供高品质的服务肯定是由其职能决定的。那么,考察其职能范围内的所有业绩才能全面考核其是否可以作为顾客服务内容的绩效。但政府职能范围内开展的业绩评估只是政府自己内部的评估,角度单一,所以,需要再增设公众评议方面的指标,直接将公众对政府行使其职能的最终效果开展的评议纳入指标体系,这样才能最直观地体现公民的满意特征,真实全面地反映政府"顾客服务"目标的质量指标。

(4)将内部经营过程具体指标以及学习与成长指标相应修正为政府自身建设方面的指标。总的来说,企业财务业绩的提升、有关顾客需求的满足,还有对其股东价值的追求,都必须依靠其内部良好的经营和一个通畅的流程来支撑。因此,不断的学习与成长一定是企业绩效持续增强的内部潜力。作为乡镇政府来说,组织机构的内部流程都应该富有相应的效率性和控制性,那么一个良好有序的政府自身内部管理是保证政府自身绩效水平优良的关键。不过在全球化、信息化的当下,政府迫切要求实现控制创新,政府部门也需要招纳和应用新的技术人才和技能,通过改革促使自身得到改变和成长,达到制度创新,从而满足政府内在持续提高的要求。这两个具体指标均为组织内部开展的评估,因此在这里我们认为政府自身建设指标是可行的。结合上述分析,乡镇层级政府绩效评估的一个逻辑框架体系可以设计为如图4-2所示。

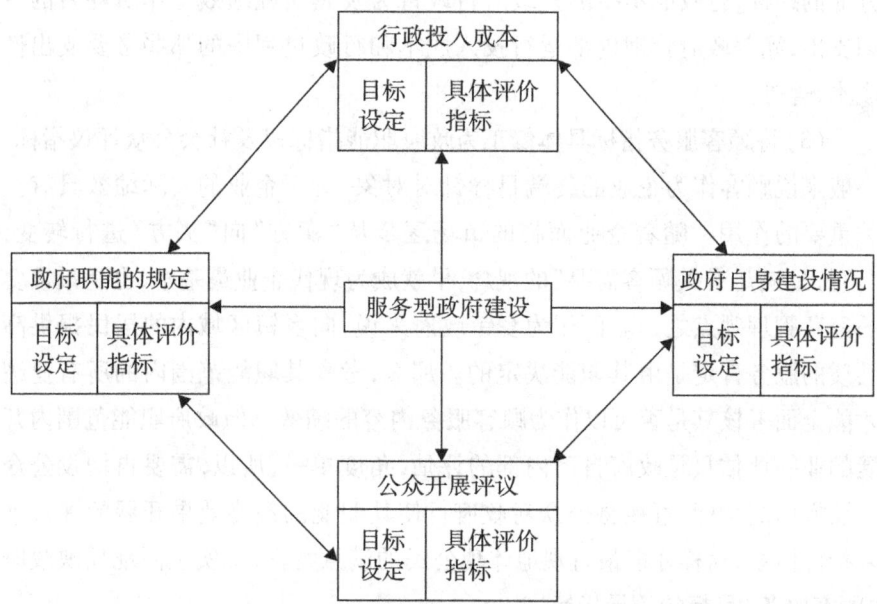

图4-2 基于一个平衡计分卡的乡镇层级政府绩效评估指标框架体系的逻辑框架图

4.4 乡镇层级政府有效实施绩效评估具体指标体系的政策建议

乡镇层级政府要想有效实施绩效评估,首先必须构建乡镇层级的绩效评估制度,还需要营造一个绩效评估具体实施的有力氛围,培养一个多元且专业化的评估主体结构体系,健全绩效评估具体指标体系运作的信息化管理系统,方能取得最佳成效。

4.4.1 构建乡镇层级的绩效评估制度

制度化是当前国际上普遍开展绩效评估活动的主要趋势之一。目前,我国仍然没有针对乡镇层级政府的统一的有关绩效评估制度,各县层级政府针对本县区域内的乡镇政府实行的具体目标考核差异很大,其中相关的考核时间,考核的具体内容,考核的程序、手段,考核的指标以及实施考核的主体构成等都缺乏制度安排,随意性很大,一些乡镇层级政府还沿用传统的工作总结,检查有关考评模式,这一状况不利于提高政府自身的绩效水平,同样不利于创新政府控制的理念。针对乡镇层级政府的实际情况,必须规范乡镇层级政府绩效评估的基本程序,才能有效、具体实施绩效评估指标框架体系。英国在公务员方面的绩效评估工作中十分重视程序的科学性,在工作中,他们不是把程序轻易地视为评估的先后顺序,反而是作为公务员方面的绩效评估制度的一个关键组成部分,精心慎重地开展合理性安排。美国国家所属公共生产力研究中心主任、美国行政学协会现任会长马克·霍哲(Marc Holzer)先生认为,一个良好的、科学的绩效评估程序应涵盖七个步骤:辨认要评估的项目、表达目的并界定所期望的理想结果、选择衡量标准或具体指标、设置业绩和科学结果(完成目标)的标准、实施监控结果、业绩报告程序与使用结果和获取业绩方面的信息要求。

第一,辨认要评估的项目。即将上述已经提及的那些为提供具体的社会公共服务而开展的日常活动分组,形成一些不同的项目。选择开展评估的项目不应太少,以免造成收集的信息不足,也不应繁重,会使代价过于高昂且不实际,要选择那些最应该被监督而责任报告中又最为重要的基础项目。第二,表达目的并界定所期望的理想结果。通常是政府或所属机构提出一项战略意义计划并清楚阐明它的责任、目的和目标,从而让评估者确切知道经由该项目要达到什么样的目的、业绩,以便开展评估。第三,选择衡量的具体标准或指标。建立一个绩效评估的政府自身项目通常涵盖投入、能力、产出、过程、结果、效力和生产力等具体指标。公民和政府都应该决定每一个项目最为切实的评估指标,而不是只能依赖于每一个项目能够实际收集到的资料。选择的具体指标应该同公共部门自身的具体努力存在相关的直接联系。第四,设置有关业绩和结果的具体标准。也就是在什么情况下,公共部门管理者能够确定所表达的有效性及质量标准,也就是说项目的目标已经达到。那么,这需要将实际的项目结构与之前确定的具体标准进行比较,当然,这些标准包括机构最初的业绩、类似机构的个体业绩、同类中最佳机构的优良业绩以及之前已经制定的目标等。第五,明确监督结果。即进行全面系统的周期性监督从而追踪项目运作并尽快采取纠偏措施。第六,明晰业绩报告。即定期报告有关项目结果,报告集中明确得到什么以及代价如何、成本多少。第七,使用结果和获取业绩信息。即把获取的业绩评估信息定期地科学运用,以便重新评估具体项目的目标并调整关键中心。

因此,乡镇层级政府绩效评估的基本规定程序应由制订政府方面的绩效评估计划、及时建立政府绩效评估组织、准确构建政府绩效评估指标、适时收集政府绩效评估信息、合理选择政府绩效评估的具体计量方法、撰写政府有关绩效评估报告和政府有关绩效评估结果的反馈和实际应用七个步骤组成,是一个相对复杂但科学的框架。

4.4.2 营造绩效评估具体实施的有利氛围

开展政府绩效评估必须有一个良好的法律和制度保障方可有效地推行下去,而且实践中规范化、法律化以及制度化也是当前国际上开展评估活动的主要趋势之一,因此推进实际的政府绩效评估的法制化进程,完善评估立法程序,从而为绩效评估营造一个良好的实施氛围,业已成为改进乡镇层级政府绩效评估工作的有效途径。具体来说,这一途径具有两个方面的实际操作意义:一是乡镇层级政府可以通过设置"绩效评估实施办法"等途径明确绩效评估在乡镇层级政府管理中的重要作用,"办法"中可以对评估实施的范围、形式、内容以及手段等做出详细规定,从而让绩效评估的实施切实做到有章可循;二是建立专门的相关绩效评估机构,可以经由在"办法"中明晰其地位的方式确保其在收集信息、实际开展活动、分析获取的结果、提出具体改进方案等环节绝对不受干扰,为乡镇层级政府绩效评估的开展创造一个畅通无阻的有利氛围。另一层含义是,迅速建立和健全绩效评估的配套措施。当下,绩效评估往往处于独自作战的状态,单纯地为了评估而评估,没有相应的改革措施能够与之相配套。马克·霍哲(Marc Holzer)指出:"把业绩评估看作一个属于业绩管理改善过程中前置的、内在的、不可或缺的一个组成部分是至为重要的。那么仅仅为评估而评估是不可取的。"也是应当予以否定的。

4.4.3 培养合理规模的、多元的且专业化的评估主体

要想对政府绩效做出客观、科学、公正、全面的评估,绝对是以评估过程的应然民主性和评估主体自身的多元化为前提和支撑的。传统意义上的政府部门采取一种自上而下的方式来对对象进行评估,表现出十分强的单向

性。因为任何一个特定的评估者都包含自身特定的评估角度,其中有着不可替代的作用,不过同时各单一主体自身也有着难以克服的某种评估局限。只有将评估实施主体多元化,才能让评估主体的优势互补,绩效评估的结果方能够更真实、公正、合理、可靠。

尽管从理论上来讲政府开展绩效评估要选择那些多元的评估主体,但是绝不可能将所有政府方面的利益相关者纳入到可选的评估主体中。因为随着评估主体人数的增加导致评估的成本增加,其准确性却会因为误差的累加而降低。所以,乡镇政府必须综合考虑评估主体相应的知识结构、年龄结构以及有关行业结构等因素建构合理规模的评估主体。因为各个评估主体所具备的知识经验、价值观、世界观、利益取向以及心理情感等诸多要素各不相同,为了最大程度地减少评估者主观因素可能造成的误差,必须对已经选定的评估主体开展专业化的培训,对于有条件的乡镇政府,可以聘用高校里的相关科研机构的工作人员来做培训的工作,这必然让培训的质量有所保证。在乡镇层面,目前的重点在于让民众参与评估,应当试验引进政府管理和公共服务的对象即社会公众进行评估,逐步发展中国当下的"坎贝尔实验室"(通过民间渠道进行的考核和评价方式),从而实现官方评估与民间评估的并重。并且在民众中选取有关评估主体的样本时,必须着重挑选那些文化知识水平较高、关心政府工作情况、对绩效评估有一定理解度和接受度的当地居民,然后对他们开展有针对性的单独培训,从而让其具备担任评估主体资格的能力。如果对评估主体组成的规模及比例不能客观、科学把握,乡镇层级政府也可以请相关专业领域的学术研究机构,经由调查考证帮助明晰绩效评估主体的样本要素。另外,运用社会调查、大众民意测验等方法,经由民间渠道定期征求有关社会公众对政府工作方面的满意程度,也可以当成民众参与乡镇政府开展绩效评估的途径,这是具有可行性的。公民参与机制有利于提升政府的服务意识,使政府行政机关不仅能做到必须对上级机关负责,更为关键的是做到对公民负责,进而形成上级自上而下的监督和公民自下而上的监督方式相结合的绩效推动机制,保障政府工作实施的质量。

4.4.4 健全绩效评估指标体系的信息管理系统

确切来说,绩效评估指标设计的整个过程实际上就是评估实施主体对与评估对象内容有关的绩效信息进行实际观察、收集、组织、整理、贮存、提取、整合的系列过程。设计绩效评估指标实际所需要的信息量大，内容涉及面广。通过建立一个健全的政府绩效评估指标方面的信息系统，可以给评估实施主体提供完备的、科学的评估资料和数据，这是进行绩效评估的基础，也属于保证信息收集工作准确性与评估结果客观公正性的重要保障。建立一个健全的信息收集系统，进行信息收集、研讨，现代信息技术的应用同时也为此提供了技术上的支持。因此，我们应组织专门力量，从全国性角度，收集国家层面有关政治、经济、法律、社会、文化、军事等各个方面的信息、资料、条件和数据，进行必要的数理统计、归纳、整理总结，根据国家既定的社会发展目标以及相应的社会政治经济方面的有关政策，制定出应用于实际绩效评估的相关指数、具体指标和标准的评估指标框架体系，及时予以调整、完善和充实，为评估工作对有关材料的收集与查询提供方便。同时，必须建立与政府绩效评估方面的信息系统相配套的关联信息收集制度，使相关方面信息的收集在时间上、搜集次数上、数量上和涵盖范围上都有明确的规定，并且力求信息收集标准化，并做到自内容到形式都要统一，从而符合社会科学研究确定的普通格式。

总之，乡镇层级政府的绩效评估是一种存在诸多困难的复杂过程，同时又加之复杂多变的环境和有关政府部门本身具有的实际不可量化等特点，绩效评估工作中的偏差在所难免。不过评估结果的客观真实情况属于政府开展绩效评估工作一直追求的目标。要了解乡镇政府绩效评估工作中存在的误区，吸取省市级层面的政府实施绩效评估工作的经验教训，设计尽量系统科学完善的评估指标体系，并且针对评估实施中实际存在的困难，提出合理科学有效的解决对策，使乡镇政府的绩效评估工作走上制度化、规范化、合理化和科学化的道路，并进而获取进一步的成效。

4.5 乡镇层级政府绩效评估指标框架体系的构成

在确定乡镇层级政府绩效评估指标框架体系的过程中，必须明晰其在不同维度下的不同表现，也必须明确其构建的原则，方能为乡镇层级政府绩效评估指标框架体系提供有力的支撑。

4.5.1 不同维度下的乡镇层级政府绩效评估指标框架

(1)基于"社会管理"维度下的指标框架构成。诚然,社会管理属于乡镇政府的重要职能。特别是在社会主义新农村全面建设的背景下,"社会管理"体现在增强农村生产力、带动农村整体经济发展;促进广大农民收入增长、改善广大农民生活质量。不过,社会管理包括的面确实很广,社会管理的核心要义主要体现经济发展指数和社会保障力度。概括来说,社会保障二级指标框架下包括道路交通事故死亡率、司法机关刑事案件破案率、政府扶贫对象覆盖率、社会民间组织发展保护数量等诸多要素。指标的设计也基于以人为本、执政为民的根本原则。

一说起经济发展指标,人们自然会习惯性地联想到一个国家的GDP指标,GDP指标尽管作为世界通用的一个宏观经济指标,其表现为该指标综合性强,是评估政府绩效,估算政府经济,调整政府绩效和政府开展经济管理能力的第一位指标。但是乡镇层级政府有自己的特点,其自身工作直接面对的是广大农民,他们国有资产不多,因此农民增收和农业结构方面的调整已经列为国家重点年度工作任务,也是新农村努力建设的新要求。在经济发展过程中,经济调节和市场监管属于经济发展的重要方面,一个区域的经济调节指标涵盖乡镇居民人均纯收入、当地居民人均地区生产总值、政府工商税收增长率、地区内第三产业增加值占国内生产总值比率等。因此,大力发展第三产业也属于建设生活富裕、和谐农村的一个基本要求和必然发展。开展市场监管是维持国内市场经济有序进行的一种执法活动,是政府通过经济和法律手段管理,进而为市场主体提供一个良好的服务和发展环境,其中的指标内容包括企业现实的违规违法次数、农村农产品质量合格率等多种要素。

(2)基于"公共服务"维度下的指标框架构成。公共服务的供给是乡镇层级政府职能转变的重要方面,一个良好的公共服务关系到乡镇区域内的公众切身利益和整体区域的生活质量,党中央也强调要建设服务型政府。所以在新农村建设和政府实际工作要求中从基础设施、文化教育、医保卫生三个方面设立二级指标。不断改善农民生活条件,全面修建村级道路是全国乡镇政府必须完成的任务,只有保障各级公路畅通、街道整洁,那些外资产业才能更好地进入,乡村经济才能更加繁荣。同时,保证用水安全、增加沼气利用率、保证通讯顺畅等部分基础设施的建设为实现村容整洁干净，逐步改善城乡固有的二元经济做贡献。上述基础设施建设指标涵盖村级公路普及率、村民家庭自来水入户率、村民沼气使用入户率、实际农村电网普及率、邮政快递通信普及率等。其中的文化教育涵盖九年制义务教育普及率、关于农村科技投入占总的财政支出比率、关于农村科技推广培训次数等要素，科学技术是第一生产力，只有熟悉和运用科学技术，方可稳定粮食生产，甚至增加粮食产量，培育新粮食品种扩大国内需求并能够销往海外，增加我国农村经济竞争力。医保卫生指标主要涵盖：参加新型农村合作方面的医疗人数，医疗保障补助实际支出所占比重，当下社会福利事业单位数等诸要素。

(3) 基于"内部管理"维度下的指标框架构成。行政廉洁状况是衡量乡镇政府内部实际管理状况最基本的指标，也是自身建设的一个重要方面。行政廉洁指标涵盖公务员违纪人次、相对人办事程序公开度、财务收支公开度以及服务质量投诉率等。对于乡镇政府而言，衡量政府工作的好坏，乡镇区域内的居民具有决定性的发言权。当然，普通的乡镇居民对当地政府的机构设置和机构实际的运作情况也许并不熟悉，这些情况都是由他们的切身感受确定后进而告诉政府哪些工作可以给他们的生活带来好处，哪些部门办事效率较低，实际社会中哪些部门办事效率较高等。这种投诉率对乡镇层级政府评估十分重要，真正能够让基层农民群众参与监督管理，对乡镇层级政府工作进行全面的规范和管理，它能使乡镇层级政府绩效评估更加科学，也会更加全面，更具相应的权威性。政府的学习改良指标是评价乡镇层级政府内部的学习气氛和工作人员的创新能力，是乡镇层级政府更好的完善和不断发展的过程。对于乡镇层级政府的自身特点而言，是否学习创新是对乡镇层级政府内部公务员基本情况进行的判定。包括其内部本科以上学历占公务员的总数比例，内部公务员培训开展次数等，互联网领域计算机使用率，政府机构电子政务信息更新时间及其间隔等。电子政务使用的信息网络使得行政办公方面的信息传递更加迅速、公众反馈渠道更加畅通，因此可以说，电子政务为乡镇层级政府工作朝着科学化、法治化、标准化、制度化的方向不断发展提供了多方面支持。当下我国乡镇层级政府公务员的培训机制仍然很不完善，很多地方乡镇层级政府从未开展过实际的人员培训工作，下发的一些新政策只要求自己学习，却没有组织完整系统的政府员工培训工作。客观上，通过对乡镇层级政府内部人员进行培训，能够提高他们的业务水平，当然也能够进一步增强公务员工作效率和提高为乡镇居民提供服务的水平。当然,政府工作人员有良好的主动服务态度和学习能力能够吸引更多投资,增加乡镇政府的税收收入。所以普及计算机使用率,让工作人员充分利用计算机的快捷以及方便收发各地方政府邮件,尽快地对电子政府信息更新同时也可以节省政府为此进行的行政开支,提高乡镇层级政府的居民满意度。切实做到把学习转化为改革举措,形成全员、集体团队组织学习的局面。总的来说,在设计的乡镇政府实施的绩效评估指标框架体系中,共包含3个一级指标,7个二级指标以及31个单项指标等内容。具体见表4-1。

表4-1 乡镇层级政府绩效评估指标框架

一级指标内容 (评估维度)	二级指标内容 (评估维度)	三级指标内容(单项指标)
社会管理指标	社会保障指标	道路交通事故死亡率
		司法机关刑事案件破案率
		政府扶贫对象覆盖率
		社会民间组织发展保护数量
	经济发展指标	乡镇层级居民人均纯收入
		当地人均地区生产总值
		政府工商税收增长率
		区域第三产业增加值占生产总值比率
		区域内企业违规违法次数
		农村农产品质量合格率
公共服务指标	基础设施指标	当前村级公路普及率
		村民家庭自来水入户率
		村民家庭沼气使用入户率
		农村电网实际普及率
		邮政通信实际普及率
	文化教育指标	区域内九年义务教育普及率
		农村科技实际投入占总的财政支出比率
		农村科技实际推广培训次数
		计划生育数据统计合格率

续表 4-1

一级指标内容（评估维度）	二级指标内容（评估维度）	三级指标内容（单项指标）
公共服务指标	医保卫生指标	村民参加新型农村合作实际医疗人数
		医疗保障补助实际支出所占比重
		社会福利承担的事业单位数
		重大疫病防控所需药物品种数量
内部管理指标	行政廉洁指标	政府公务员违纪人次
		相对人办事程序公开度
		政府内部财务公开度
		政府服务质量投诉率
	学习创新指标	工作人员本科以上学历占总公务员比例
		内部公务员实际培训次数
		互联网计算机实际使用率
		电子政务信息实际更新时间及其间隔

4.5.2 乡镇层级政府绩效评估指标框架体系构建原则

乡镇政府绩效评估是一个有机系统，绩效评估系统的关键环节是评估指标的确定与否。由于评估指标有鲜明的导向功效，可以影响政府的实际行为和价值取向。同时乡镇政府管理也属于一项复杂的社会活动，仅仅用一两个指标基本不可能达到系统客观的要求。因此，建立评估指标体系属于一件十分慎重的事情，需要遵循具体的构建原则。

（1）目标一致性原则分析。目标一致性原则就是指乡镇政府绩效评估指标框架体系与乡镇政府的既定战略目标、绩效评估目的要素三者之间一致。（如图 4-3 所示）

综上，乡镇政府绩效评估指标实质与乡镇政府战略目标具有一致性，要求所有乡镇政府职能定位的一致。实际上，乡镇政府战略目标不仅决定而且实际影响乡镇层级政府绩效评估的目的以及有关乡镇政府绩效评估指标框架体系的设立，而开展绩效评估的目的也当然决定而且影响乡镇层级政府绩效评估指标框架体系。乡镇政府开展的绩效评估指标框架体系是建立在乡镇层级政府战略目标和具体评估目的上的。可以说,乡镇政府的战略目标确实属于在宏观背景下要求应当实现的目标,是和党中央、地方既定的宏观发展战略实际紧密联合在一起,并且在大方向上具有目标指引的功能。而乡镇层级绩效评估的目的就是采纳科学的手段考核评价体系,更进一步地形成乡镇政府的既定决策导向。在细节上也要更好地开展评估工作,真正能够为民服务,是宏观社会经济背景下实现战略目标的具体细节体现。

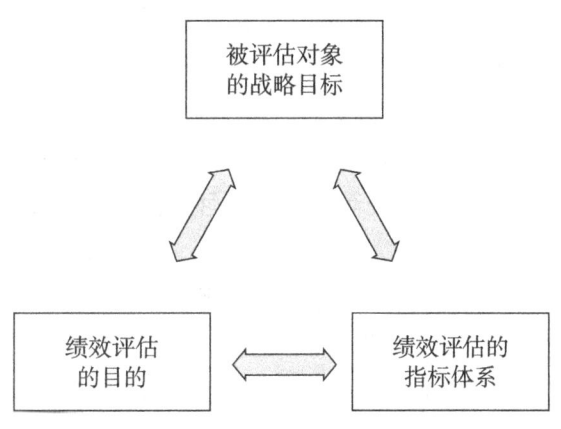

图 4-3 目标一致性原则分析示意图

当下,为了更好贯彻目标一致性原则,必须将乡镇政府的战略目标当成一级指标,评估的目的当成二级指标,将实现相应二级指标的关键手段当作三级指标,这样就构建了一个指标体系。构成要素相互衔接的一个目标体系和具体评估指标体系,能够让各级目标都真正落到实处。战略目标经由评估的目的实现,同时评估的目的又由具体核心手段体现,三者属于高度统一的有机体。

(2)客观公平性原则分析。客观性原则要求具体的指标在评价中必须具有客观可行性、可测性特征。客观运用现有的测算工具,使指标能够量化。不要用那些模棱两可的语言,必须采用可操作化的语言定义。因此,笔者在本书指标体系的具体设计过程中,坚持所考虑的指标是可量度的,用客观度量代替主观判断。但是,乡镇政府绩效评估具有复杂性强、综合性广、内容覆盖面宽的特点,公平性原则要求具体指标设计的公正合理,所以,在设计绩效评估指标框架体系中做到通俗易懂,能够容易获得,易于理解,有助于计算。相对公平的具体绩效指标有助于正向鼓励乡镇政府为了提高绩效付出更大的努力,相反,缺乏客观公平指标则肯定不利于政府绩效工作的持久实施,造成众多不便。

(3)系统科学性原则分析。乡镇政府工作客观来说是多样和复杂的,因此指标体系必须全面地体现所达到目标的整体。假若仅设计几个关键指标就不能反映其工作的全面。而且,从我国政府绩效评估工作的实践来看,乡镇层级政府绩效评估指标体系的设计中,很多都是将 GDP 总量和 GDP 增长速度当成乡镇政府绩效评估首要的甚至是唯一的指标,搞 GDP 数据崇拜,片面强调经济数据的增长,拿"政绩形象工程"来定乾坤,不顾地方长远利益,忽视地方基础设施建设、教育文化的长远发展,不顾环境恶化和造成的经济损失,不注重环境治理,已经损害经济长久持续发展,导致政府工作的开展和实现战略目标表现出众多局限性和负面性。因此,设计绩效指标体系时应该坚持全面系统,才能保障长足的发展。

(4)长远性原则分析。在制定乡镇层级政府绩效评估指标框架体系时,必须考虑指标本身的长远性,综合反映整个社会发展的全面性以及诸要素之间的协调性,正确认识和解决社会进步和经济发展之间的关系,注意综合考虑绩效评估各项指标的平衡性以及科学合理性,做到统筹兼顾、全面系统。

4.6 优化乡镇层级服务型政府绩效评估指标框架体系的具体策略

我们要优化乡镇层级服务型政府绩效评估指标框架体系,是以指标体系具体设计的技术层面为视角表达乡镇构建服务型政府的内容及路径。所以,必须体现乡镇日常工作及其与服务型政府目标之间的关联,突出乡镇层级绩效评估指标设计的系统全面性和科学性、必要性、可行性和可操作性、定量分析和定性分析、灵活性和目标指引性相结合等原则。基于制度构建层面发挥绩效评估指标框架体系指引导向、监控创新等作用,在此基础上,实现具体指标及权重系统的设定与调整,为工作的实际开展提供帮助。

4.6.1 明确乡镇层级服务型政府绩效评估指标框架体系的总体思路

可以说,乡镇作为我国的基层政权,属于党和政府农村工作开展的基础,与社会公众的联系也十分密切,是党的路线、方针、政策的实际执行者与最终落实者。鉴于当前我国基层社会经济的迅速发展,构建一个乡镇层级服务型政府绩效评估指标框架体系具有必要性。而我国当前进行社会主义民主政治建设与法治建设已经取得的成就,为乡镇层级构建一个服务型政府绩效评估指标框架体系提供了可能性。明确乡镇层级服务型政府绩效评估指标框架体系的总体标准,成为构建指标框架体系的首要前提。这是由于构建乡镇层级服务型绩效评估指标框架体系,并不单纯属于乡镇自身的建设问题,其中涉及社会主义新农村方面的建设、全面建设小康社会等战略目标的达成,以及农村经济社会的持续、健康、稳定、协调发展。最终能否实现这一目标,与政治体制改革的推进以及执政党能力的增强也有着十分密切的关系。所以,在探讨乡镇层级服务型政府绩效评估指标框架体系的构建时,必须真正考察当前政治情势下的政治体制、政党体系、实际参与主体等因素;绝对不能回避乡镇层级政府的社会保障、社会公共服务、公共卫生实施、教育管理、科技发展状况、就业增长、安全生产情况及应对突发危机事件等诸多方面的薄弱环节,也绝对不能简单地从乡镇自身便利角度出发,而应具有长远战略眼光,立足于国家整个行政体制改革完善的高度,从全面推进小康社会建设、构建和谐社会及明晰科学政绩观出发,开展乡镇层级服务型政府绩效评估指标框架体系设计工作。

4.6.2 确立乡镇层级服务型政府绩效评估指标框架体系的核心主线

想要构建乡镇层级服务型政府绩效评估指标框架体系,必须确立乡镇层级服务型政府绩效评估指标框架体系的核心主线。一是要推动发展与注重公正相协调,指出在促进社会发展的同时,在整个指标体系中要特别注重社会公平,着重显示与人民群众利益密切关联的民生问题,更多关注那些弱势群体,能够让全体人民共享改革发展取得的成果。二是将追求政绩与实际转变职能相协调。实践中,乡镇及其工作人员应当树立正确的政绩观。他们不仅追求经济的持续发展,还必须注重经济与社会双赢、人与自然的协调发展。对乡镇开展合理的职能定位,明确在经济调节、市场监管途径、社会管理与公共服务范围等方面的作用,推动乡镇由管制型政府不断向服务型政府转变。三是指标体系统一性与差异性相结合。应按照绩效指标设计的固有规律和要求,确立一个全国层面乡镇层级绩效评估指标总体设计应遵循的原则,并且在此基础上,从各乡镇层级政府的战略和实情出发,切实兼顾当前与长远的发展。还要体现地理等自然要素以及经济、政治、文化等社会要素的差异性,突出指标体系要素之间的相互关联,着重强调指标与服务型政府之间的内在逻辑。督促乡镇政府的理念从"统治行政、管理行政"不断向"服务行政"转变,从而构建一个真正高质量的乡镇政府模式。

4.6.3 把握乡镇层级服务型政府绩效评估指标框架体系的主要趋向

已经实施的《中共中央关于制定国民经济和社会发展第十一个五年规划的建议》强调:"要深化对科学发展观基本内涵和精神实质的认识,建立符合科学发展观要求的经济社会发展综合评价体系,坚持一切从实际出发,尊重群众的首创精神,自觉按客观规律办事,扎扎实实推进改革开放和社会主义现代化建设。"因此,构建乡镇层级服务型政府绩效评估指标框架体系,必须充分发现服务型政府内涵对乡镇层级评估指标框架体系构建的规范、指引和整合价值,牢牢把握乡镇层级服务型政府绩效评估指标框架体系的主要趋向:首先,片面性向全面性转变。一般来说,乡镇政府的绩效既要满足广大民众在物资生活方面的需求,还要逐渐满足民众在精神文明方面的需求,促进人在社会中的全面发展。以往乡镇层级考核倾向于单纯依靠一个经济指标,而现在服务型政府指标框架体系应重申经济指标与社会指标并重。在体现经济数据增长指标的基础上,提升乡镇在推动社会保障、教育发展、居民社会发展等方面的整体指标。其次,经验性向科学性不断转变。由以往根据主观判断的定性指标占据多数,以定性考评为主,常常是凭经验、凭印象,没有数据支持和科学的数据分析测评,造成了考核结果的随意性和片面性。逐渐转变为由客观现有数据支持的定量指标占据多数,讲求科学的评定标准。能够最大限度剔除评估指标框架体系中的主观干扰,真正确保其科学性。最后,重短期性向注重长期性与短期性相结合模式转变。以往我国乡镇层级政府的绩效考评指标,往往集中于对当前经济实践活动的影响,这种没有长远战略的指标设计,常常造成资源的浪费与经济社会发展的非可持续性,所以,在设计指标时,应尽量做到既注重当前行政绩效测量,也注重长远绩效评估,使乡镇绩效的短期性能够与长远性相结合,发挥其应有的功效。

4.7 案例评析

为了更好地检验上文中确定的乡镇层级政府绩效评估的有关理论体系,并从实践中发现可以普遍借鉴的成功经验,笔者从全国范围内选取了福建和重庆两地的具体象征层级政府绩效评估实例进行分析,以期获得可行性的对策。

4.7.1 构建科学化与制度化并存的乡镇层级政府绩效评估指标框架体系的福建实践

乡镇层级政府的绩效评估应当以有限政府、服务政府以及敢于担责政府为目标,选择适当的指标体系。当前,各级地方政府积极转变政府职能,引入绩效评估作为一种全新的管理模式以供借鉴。

资料显示,福建省南安市乡镇层级政府开展政府及其所属部门绩效评估工作早就获得了成功实践,主要实施千分制计分办法,其中划分成农业农村工作和政府机关建设等七大类,设定一个基础分,年底由相关部门组织牵头负责考评,然后市效能办在此基础上再实施综合评定。①农业、农民、农村工作和农业产值,其设定的基础分为 200 分。而其具体管理目标以上级市委、市政府每年初明文下达的任务为准(其中的考评牵头部门包含:市委农办、统计局)。②设定财税收入管理目标,其中的基础分为 200 分。具体管理目标也是以上级市委、市政府年初明文下达的任务为准。设定的计分办法是:完成任务则能够得满分,超额完成任务,每增加 1% 奖 3 分(但是加奖部分不得超过 50 分),每减少 1% 扣 3 分(其中的考评牵头部门为:市财政局)。③设定工业和乡镇企业发展年终目标(含外资项目)、企业固定资产投资基础分设定为 200 分,具体管理目标同样以上级市委、市政府年初明文下达的任务为准(其中考评牵头部门为:市经贸局、外经局以及统计局)。④计生工作目标,基础分设定为100分。其中具体管理目标同样以上级市委、市政府年初明文下达的计生工作责任为依据(其中考评牵头部门为:市计生局)。⑤关于社会治安综合治理工作,设定基础分为100分。其中具体管理目标也是以上级市委、市政府年初明文下达的综合治理工作责任为依据(其中的考评牵头部门为:市委综治办、统计局)。⑥关于安全生产工作,设定基础分为100分。其中具体管理目标同样以上级市政府年初明文下达的安全生产目标管理方面的责任为准(其中考评牵头部门为:市安监局)。⑦关于党风廉政建设情况,设定基础分为100分。在此方面主要评估政府依法行政、政务公开、人员办事效率、廉政勤政以及是否开拓创新等情况,这个以市纪委制定的目标管理作为根据(其中的考评牵头部门为:市纪委)。

上述评估内容,切实结合乡镇政府的固有职能和职责,对其他已经不宜做定量考核的内容,就要贯彻落实市委、市政府已经做出的重大决策部署;切实维护群众利益、依法并且稳妥处理侵害群众根本利益问题的情况;其中对于乡镇政府、街道办事处等此层级政府的自身建设等情况,制定一个问卷调查表和测评表,采取抽样调查的办法开展调查和测评,结果当成年终总评的重要组成内容。

依照前述乡镇层级政府绩效评估的内容,可借鉴平衡计分卡法(据考,平衡计分卡法最早是被应用于企业绩效管理,它主要从顾客指标、财务指标、企业内部流程指标、员工学习与成长指标四个层面用以评估企业管理绩效。当下,我们将平衡计分卡法具体应用到乡镇政府绩效管理,那么这就需要对平衡计分卡固有的四个指标进行必要的相应转向:将财务指标转换为一种政府职责,顾客指标转换为社会公众,内部流程、员工学习与成长也相应地转换成了与政府有关的具体内容等),为我国乡镇层级政府确立如下的绩效评估实施指标体系:第一是政府职责角度,主要考察这些乡镇经济发展、当地农民生活满意度、农村居民教育、环境保护、农村文化事业、卫生事业建设、农村社会保障等诸多方面的情况;第二是公众角度,主要考察广大农民对政府的具体满意度指标、有关政府官员在公众中的形象、公众对政府的信任度等诸多方面的情况;第三是内部管理角度,主要考察政府行政效率、公务员廉洁状况、人力资源组成状况等方面的情况;第四是学习与成长角度,基本上是考察当地政府工作人员的学习能力、政府的创新水平、行政人员的培训、实际工作环境吸引力等诸多方面的情况。(如表4-2所示)

表4-2 乡镇层级政府绩效评价指标框架体系

维度设定	分类指标内容	单项指标内容
政府职责维度设计	经济发展业绩指标体系	产业结构自身调整农业劳动力比重情况(%)
		农村城镇化人口所占比重(%)
		农业基础设施建设方面的财政投入比(%)
	农民生活满意度业绩指标体系	农民收入情况的基尼系数(%)
		农民消费情况的恩格尔系数(%)
		农民居住质量指数(%)
		农民开展文化娱乐消费支出所占比重(%)
		农民生活信息化使用程度(%)
		农民社会安全实际满意度(%)
	环境保护业绩指标体系	农民人均耕地面积数(亩)
		农民人均绿化实际覆盖率(%)
		农村固体生活垃圾再生循环利用率(%)
		农村工业"三废"实际排放达标率(%)
	农民教育事业管理业绩指标体系	每万人中实际农业科技人数(个)
		农村人口实际受教育程度(年)
		农民培训实际支出占GDP比重(%)
	文化事业管理业绩指标体系	人均农村实际读书站藏书量(册)
		广播、电视、网络实际人口覆盖率(%)
		文艺演出每年实际的次数(次)
	卫生管理业绩指标体系	农村新型合作医疗实际覆盖率(%)
		公共卫生支出占当地GDP比重(%)
		每万人拥有实际医生数(人)
	社会保障事业管理业绩指标体系	农村养老保险实际覆盖率(%)
		农村特困户、五保户获取的每年生活补助(元)
		农村实际优抚救济人数(人)

续表 4-2

维度设定	分类指标内容	单项指标内容
内部管理维度设计	廉洁状况指标体系	腐败案件涉案人数占政府总行政人员比例(%)
		公众评议实际支持率(%)
	人力资源状况指标体系	公务员中研究生、本科生实际占的比例(%)
		领导班子团队建设实际评价等级(高/低)
	行政效率指标体系	行政编制人员在人口总数中所占的比重(%)
		行政办公的实际效能(高/低)
		行政管理信息化使用水平(高/低)
学习与成长维度设计	政府的学习能力指标体系	学习和落实党中央有关文件精神的情况(%)
		利用信息化管理的实际能力(高/低)
	政府的创新能力指标设定	服务方式的变革次数(次)
	行政人员的培训指标体系	定期培训开展的次数(次)
		培训后政府绩效提升提高率(%)
	工作环境吸引力指标体系	行政人员对工作环境实际的满意度(%)
		行政人员对相关组织人际关系满意度(%)
		行政人员对个人薪酬待遇的满意度(%)
公众维度设计	农民对政府的满意度指标体系	农民对实际政务公开的满意度(%)
		对政府工作人员的相关投诉满意答复率(%)
		农民规模上访率(%)
		农村万人发生的刑事案件侦破率(%)
	政府形象指数指标体系	政府官员在社会公众中的形象(高/低)
		对政府的实际信任度(%)

通过借鉴平衡记分卡的基本手段,我们构建了乡镇层级政府的绩效评价指标框架体系,这套指标框架体系既反映了增强乡镇政府效能的驱动因素,同时还体现了内部管理能力实际与为公众提供服务间客观存在的逻辑因果关系。经由对这些指标的研讨和评价,得出综合的具体指标考评结果,基本上能够评估出乡镇政府开展绩效计划的情况,进而持续评估乡镇政府

及其所属相关公务人员的效能。因此,绩效评估的内容要紧紧以发展作为第一要务,结合实际,紧抓本质,突出重点,进而反映实效,发挥其应有的社会价值。

4.7.2 服务型乡镇层级政府绩效评估指标框架体系及其构建的重庆实践

重庆市乡镇层级政府绩效是指重庆市所属的有关乡镇政府在一定阶段内行使其功能、达成其意志的整个过程中显示出的行政管理能力,属于对国民经济和社会整体事务进行宏观规划、指引和管理所取得的实际效果和效益,集中显示在行政管理、经济发展状况、社会稳定、教育科技实施情况、生活质量和生态环境保护等方面的绩效内容。

第一,经济发展绩效分析。经济发展绩效是一个评判乡镇层级政府实现经济职能好坏的重要依据。在当前社会主义市场经济条件下,政府经由提供公共物品、管理社会公共事务,消除或降低市场失灵,解决外部效应负向增长,提高资源配置效率,推动经济的可持续发展。始终坚持以经济发展为中心,全面大力发展生产力,迅速开展经济结构调整,提升和改良产业结构,促进乡镇持续实现经济增长和繁荣,是当前我国乡镇政府一个重要的经济职能。因此,评估乡镇政府的实际经济发展绩效可以从其中一个地区经济发展的数据情况和质量指标来衡量,涵盖国内生产总值、企业招商引资额、政府财政收支状况、当地农民收入等情况。

第二,行政管理绩效分析。行政管理绩效属于一个评判政府实现行政管理方面职能的重要依据。减少行政成本,增进政府的服务效率、公共服务质量和服务能力,持续为社会经济发展及时供给有效的法律制度,是乡镇层级政府行政管理职能好坏的重要表现。主要涵盖法治建设水平、政府政务的公开性、当地政府内部制度的科学性和完备性等情况。

第三,社会稳定绩效分析。社会稳定绩效属于一种评判政府能否实现维护社会稳定职能方面的重要依据。打击犯罪、推进安全生产,抑制可能的通货膨胀、创造更多更好的工作岗位、降低失业率、减少贫富差距、维护社会应有的公正和公平、切实维系人们生命和财产安全是一种政府的重要职能。概括来讲,评估政府社会稳定绩效方面的主要指标。涵盖:安全工作、武装工作、对特定人员的优抚保障等情况。

第四,教育科技绩效分析。教育科技绩效是评判乡镇政府能否实现发展教育科技职能方面的重要依据。增加教育固定投入、提高公民整体的素质、繁荣整体文化事业、促进科技长足进步、推动科技创新属于一个政府的重要职能。因此,评价政府教育科技绩效方面的主要指标涵盖学龄儿童入学率、当地小学毕业生升学率、当地初中毕业生升学率、区域内农村科技推广工作等情况。

第五,生活质量绩效分析。生活质量绩效属于一种评判政府是否提高人们生活质量的重要依据。因此坚持以人为本,逐渐改善和提高人们生活方面的质量属于一个政府的重要职能。总的来说,衡量政府生活质量方面的绩效的主要指标涵盖恩格尔系数、人均住房居住面积、公共卫生良好状况、基础设施建设的设计水平等情况。

第六,生态环境绩效分析。生态环境绩效属于评判政府是否实现保护生态环境职能方面的重要依据。当下,随着经济和社会的发展、整体人口增长以及快速进行的工业化、城市化进程等情况,生态环境污染问题愈发严重。因此,保护当地的生态环境也属于政府的重要职能之一。概括来讲,衡量乡镇政府生态环境绩效方面的主要指标涵盖环保资金投入占整个国内生产总值比重、当地工业废水处理率、当地人均绿地面积、当地人均耕地面积、当地森林覆盖率等情况。

因此,对乡镇层级政府绩效的评价工作应该是全方位的评价,其中的指标体系应构成一个必要的、多层次的系统,不仅涵盖经济方面的指标,还要涵盖社会稳定、教育科技、公众生活质量和生态环境状况等方面的指标;不仅要有反映当地国民经济发展方面的指标,还要有体现经济、社会和生态环境发展的协调性指标体系。

政府绩效评估指标属于度量一个政府绩效强弱的工具,要使这种既定的测量工具具有有效性,要让测量结果全面、真实、科学准确反映不同地区政府的绩效水平,指标遴选应当遵循一定的原则,否则就会走弯路。

(1)系统性原则分析。政府绩效系统属于一个由行政管理、经济发展状况、社会稳定、教育科技情况、生活质量和当地生态环境等方面的诸多绩效子系统综合集成的,各个绩效子系统必须适用一些相应指标才能明显反映出来,这就要求所设计的评估指标体系具有非常大的覆盖面,能够充分显示政府绩效的系统性特征。其中系统性原则意味着开展评估的指标体系要能够体现充分的信息量,因为不同评估指标之间相互独立,构成多个不同的评估纬度,指标之间的相互组合也正好对应着政府绩效的一个应然状态,这样由不同的、相对独立的指标构成多个相应的评估纬度来综合测度和综合评价政府绩效的整体水平情形。

(2)可操作性原则分析。评估指标体系建立的最初目标主要是用来测度政府绩效,那么这要求所设计的指标体系具有相应的可行性和可操作性,要求指标的数据易采集,要求评估模型科学合理,要求评估过程简单,且有助于对其掌握和操作。主要涵盖三方面的特征:一是数据资料的可获得性。数据资料应最大程度地通过有关统计方法,采用访谈或者调查方式获得。二是数据资料可量化。采用定量指标数据要保证其必须真实、可靠和有效,其中定性数据资料应可以经由赋值或测算等转化为相应的定量数据。三是指标体系的设置应最大可能地避免形成庞大的指标群或组成层次复杂的指标数,其中的指标尽可能少而精、少而细。

(3)有效性原则分析。有效性原则指所设计的评估指标体系应当与所评估对象的内涵与组成结构相符合,能够真实体现乡镇政府的实际,显示乡镇政府绩效的本质或大概特征。统计学上往往用效度来反映测量的最终结果与某种外部标准要素之间的相关程度,其中相关程度越高,则显示测量结果越有效、越可靠。

(4)可比性原则分析。这个原则要求必须明确评估指标框架体系中每个指标的内涵、统计口径、时间、方式、地点和适用范围,保证评估结果能够开展横向比较,以便最大程度地了解和把握不同政府之间(或者同一政府所处的不同发展阶段)开展绩效评估的实际水平和变化趋势。在进行政府绩效评价的时候,为了确保可比性,评估工作的指标应尽量采用相对指标,少用绝对指标,防止可比性降低。

(5)动态性原则分析。乡镇政府绩效属于一个动态的积累过程,因此它对某一乡镇区域内经济社会的影响具有一定滞后性。因此,在选择相应的评估指标时,不仅要有测度政府绩效本身活动结果的现实指标(属于静态指标),又要有体现政府绩效活动过程(表现政府绩效发展趋势)的一种过程指标(属于动态指标),能全面反映政府绩效发展的实际现状和未来趋势。此外,因为在乡镇政府绩效系统自身的运行过程中,系统内部存在的各种因素及其对应的外部环境总是处于逐渐发展变化之中,造成政府绩效内涵与组成结构也不断发生变化。所以,其评估指标也无法保持长期不变,应依照政府所处发展阶段的不同表现对指标进行适当的完善、调整,保证指标本身的科学性。

(6)导向性原则分析。乡镇政府绩效评估工作的目的就是经由绩效评估,获得一些有效的绩效信息,熟悉和把握乡镇政府绩效现状,及时发现问题,找出差距,减少行政成本,改进和增强服务效率和服务能力,推动乡镇经济社会全面协调、双赢和可持续性发展。所以,评估指标的选择应当有利于实现政府开展绩效评估的目的,保证绩效评估开展的连续性。

(7)独立性原则分析。这个原则强调的是选入指标体系的各项指标均包含独立的信息,相互无法代替。要选择那些反映信息多、能最合理地凸显目标工作特点和实现程度的指标结构。

为了让乡镇层级政府的绩效评价指标能够具有更好的代表性,对此笔者首先将重庆市主城区内的8个区目前正在采纳的政府目标考核的指标,依据行政管理、社会经济发展状况、社会稳定、教育科技情况、生活质量和当地生态环境保护进行分类统计,删除那些重复的指标。笔者同时还参阅了国家人事部分析制定的政府绩效评估指标,还有大量有关政府绩效评估工作方面的文献,统计分析获取了重庆市乡镇政府开展绩效评估指标框架体系的首轮指标,这个指标框架体系由行政管理、社会经济发展状况、社会稳定、教育科技情况、生活质量和生态环境保护六个评价纬度,一级、二级和三级指标共53项指标构成(如表4-3所示)。

表 4-3 重庆市乡镇层级政府绩效第一轮评价指标图表

一级指标内容	二级指标内容	三级指标内容
重庆市乡镇层级政府绩效评估指标框架体系	行政管理方面	行政管理费占据财政支出比重、当地法治建设水平、政府政务的公开性、政府行政人员占当地总人口的比重、当地政府内部制度的完备性、党委的党建工作、小城镇推动和建设管理、当地反腐败工作、机关管理、政府宣传思想工作、单位精神文明工作
	经济发展方面	当地国内生产总值增长率、当地消赤减债工作、政府财政收支状况、当地农民人均纯收入增长率、企业招商引资增长率、当地新增工业总产值、政府预算内财政收入增长额及相应的增长率、政府固定资产投资额及相应的增长率、有关社会主义新农村建设方面的试点工作
	社会稳定方面	有关单位的人口与计划生育工作、当地安全工作、武装工作、对特定人员的优抚保障工作、党委的统战群团工作、当地残疾人就业工作、社会事业拓展、社会治安综合治理、稳定保障工作
	生活质量方面	当地人均财力、扶贫工作、社会公共卫生、社会公众消费品零售总额、当地城镇常住人口增加量、当地人均居住面积、当地农村基础设施建设水平、公共交通工作、民生民政工作、当地水利工作、当地城镇登记失业率
	生态环境方面	当地的环保资金投入占总 GDP 比重、当地工业废水处理率、企业工业废气净化率、当地人均绿地面积、当地人均耕地面积、当地人均二氧化碳排放量
	教育科技方面	当地农村科技推广工作、当地适龄儿童入学率和九年义务教育阶段学生辍学率、当地小学毕业生升学率、当地初中毕业生升学率

第 5 章
基层政府绩效评估方法及其实证研究

一个有效的方法可以让事情事半功倍,同样,乡村振兴战略背景下的基层政府绩效评估的开展也需要一套科学的评估方法,其中需要注意客观评估与主观评估的结合与平衡,需要构建一个评估公众满意度的测评模型。

5.1 基层政府绩效客观评估与主观评估的组合与平衡

在绩效评估成为一项有效工具来衡量公共部门的工作业绩时,尤其是伴随西方绩效评估理论和方法的大规模引进,客观评估抑或称为定量数据评估几乎已在绩效评估领域占据"霸主地位"。其实公共部门绩效评估由于其自身的公共职能、目标以及价值取向的多元性,使得公共部门绩效评估很难完全用定量数据评估方法来做出全方位的评估。乡村振兴战略背景下基层政府绩效评估作为政府等公共部门一项重要的公共职能,其评估方法的选择必然是客观数据定量评估与主观测评相结合相均衡的评估实施方法的组合,以此来设计一个完善的衡量新时代我国基层政府绩效评估方法体系。

5.1.1 基层政府开展绩效评估的常用方法及其研析

政府绩效评估方法的选择和运用,基本上可以分为宏观分析方法、中观指标体系设计方法和微观数据采集和验证方法。宏观分析方法主要集中在绩效评估模型和理论指导上,如理性分析方法、管理主义、绩效管理理论等;中观指标体系设计方法主要集中在指标维度的确定性上,比如常见的平衡计分卡、杠杆管理方法、多指标综合评价法、层次分析方法、概念模糊分析方法等;微观数据采集和验证方法主要侧重于指标数据的采集和数据分析,比如访谈法、问卷调查法以及数据的信度和效度检验方法、因子分析方法等。

宏观分析方法着重绩效评估理论的介绍,已在第 2 章做了介绍,本章着重介绍中观指标体系设计方法和微观数据采集和验证方法等。不过根据评估方法的性质和特点来分类,还可将绩效评估方法分为主观测评方法和客观定量评估方法。最近几年各个地方盛行的行风评议、万人评政府、市民论坛等方式基本上属于主观测评方法的具体实践,主观测评主要是指依靠评估主体在日常生活的感知、体验等主观感受来对乡村振兴战略背景下基层政府法治建设成效进行衡量的方法。客观定量评估的方法主要是指通过对指标数据进行数据化处理,采取一定的数理模型和统计方法对数据加以检验和分析而得出评估结果的定量分析评估方法,比如层次分析方法。

中观的指标体系设计方法中,360 度绩效评估着重对组织中个体的绩效开展评估,是经由所有了解和熟悉被评价对象的人,即由同事、上级、平级、下级、顾客以及其他有关部门人员作为评价主体来评价员工绩效,进而对来自多方位的具体数据信息进行综合研究和判断,形成最终评价结果。由于这个 360 度绩效评估反馈方法侧重于被考评这个方面,定性评估所占的比例较大,定量的业绩考核较少;同时 360 度绩效评估反馈有很多主体往往容易造成基于评估主体不同利益差异所造成的信息冲突,还容易造成信息收集过程中的成本过大的问题。此外在实施 360 度绩效评估过程中,如果评估主体在评估过程中分寸拿捏不到位或者培训不到位,极有可能造成组织内部员工工作士气和工作气氛的紧张。而在指标体系设计常用到的层次分析方法是美国的著名运筹学家、匹兹堡大学的著名教授萨迪(T. L. Saaty)提出的适用在处理复杂的评价(决策)现象中,进行方案比较排序的手段,其核心思想是把烦琐的评价问题层次化,进而将评价问题按评价目标、其所属的评价领域、评价指标的名次分解为不同层次的结构,并强调上一层元素对与其相邻的下一层的所有或部分元素的支配作用。进而通过求判断矩阵性能向量的办法,求得每一方面的各元素对上一层次相邻元素的权重,再根据加权和的方法递阶归并,获取最底层(评价指标体系)相对于最高层(设定的评价总目标)的相对核心性,从而对最底层所有元素进行优劣等级的组合。然而政府等公共部门自身的绩效指标体系属于一个具有多层次、多维度的复合体系,在这个繁杂的复合体系中,各层次、各既定指标的相对重要性也不相同,难以科学确定,平时的经验估值法、专家研析法等方法存在较大的不足性。

层次分析法通过建设判断矩阵,先对单层设定指标进行权重计算,进而再进行层次间的指标组合,来确定所有指标因素个体相对于总指标的相对权重系数,为确定类似指标体系方面的权重提供一种很好的处理途径。利用层次分析法,既可以降低工作难度,增加指标权重的精确度和合理性,而且能够通过采取对分析矩阵进行一致性检验等方法,增强权重确定的信度和效度。另外,计算矩阵特征向量时,能够利用和积法、幂法和算术方根法等多种思路,并能够应用计算机来处理数据,包含较强的可操作性。综上,层次分析法自身的具体操作程序如图5-1所示。

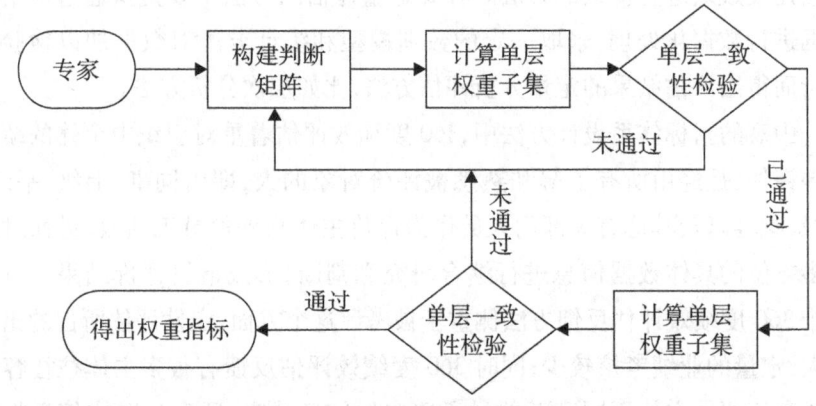

图5-1 层次分析法的具体操作程序

在微观数据采集和验证方法中较常用的就是一般调查方法的运用,比如问卷调查法、访谈法等。而在对数据进行分析中,较常用的是多元回归统计分析、信度和效度查看、因子分析等手段。相对于中观分析方法偏向于对评估指标体系或模型开展的整体检验的不同,微观层面分析方法主要是对具体单独数据的采集和分析。信度基本是指测量工具体现被测量对象特征的可靠性能,或者是测量结果在不同环境中的一致性程度方面的指标,它是衡量测量手段可靠性和一致性的大概方针。从统计学上讲,上述信度是指测量结果体现出系统变异的程度。而上述效度主要是指测量工具大概在多大程度上测量到了确实想要测量的特质(或要素),即测量的有效程度。另外,从统计学上讲,效度属于测量结果与某种外部既定标准(即效标)之间的关联性程度,相关程度越高即显示测量结果越有效。

综合来看,当下国内对政府等公共部门进行绩效评估的方法选择实施过程中,基本上产生了主观测评与客观定量评估两大类型以及宏观绩效评估理论和方法论、中观指标体系设计和微观具体数据分析三种操作层面的层次体系结构。可以说绩效评估大多借鉴了企业等私营部门的绩效评估方法,无论是平衡计分卡、360度绩效评估还是标杆管理法等无不是来自企业的绩效评估手段,至于是否可以完全适用于政府等相关公共部门的绩效评估实践,确实需要根据政府等公共部门的运行实际和职能目标加以完善和修改。至于借鉴运用统计学的分析模型和分析方法来对数据进行分析,一方面由于政府等公共部门目标多元性等特征使得数据采集存在困难,另一方面公共职能的产出公益性、公共性的特征,使得产出结果难以衡量,数据的分析受到很大程度的限制。

5.1.2 基层政府绩效评估的自身特性与客观评估方法的局限

1. 服务型乡镇政府绩效评估的自身特性

(1)战略一致性分析。战略一致性指的是乡镇层级政府绩效评价标准和乡镇层级政府职能的战略方向必须保持高度的一致性。因此,战略一致性的特点为明晰乡镇政府绩效评估标准提供有效的指导,使政府的行政人员更加明确个人的工作目标。不过,政府绩效评估体系还要求其具有足够的灵活性,以应对地方乡镇政府战略或特质的改变。当乡镇政府自身战略目的发生了变化,乡镇层级政府绩效评价标准及乡镇政府成员的行为标准就需随之改变,以与前者相契合。

(2)标准效度的可衡量性分析。上述的效度是指我们所明确的评估体系对乡镇层级政府相关方面进行的评估水平所达到的层次。其表现形式是内容效度,同时内容效度是必须包含乡镇政府绩效指标体系的典型性数据。可衡量性就是能经由测量工具、测量方法进而对典型性数据进行分析,其中测量方法是可操作的,获取的数据是可分析的。所以一个有效的乡镇政府实施的绩效评估体系的研究应无缺陷,完美的评估体系是不存在的,因此,我们应该尽力降低内容效度的误差,使其自身能充分表现政府绩效指标。只有这样绩效评估体系方是具有效力的、可执行、可操作的。

(3)可接受性分析。可接受性是那些被评估乡镇政府工作人员本人对政府评估体系的接纳范围。乡镇政府绩效评估标准必须体现出公平、正义,即强调人与人之间的公平、强调程序间的正义,其主要显示为以下两个方面:一是程序正义。如在乡镇层级政府绩效评估系统的构建过程,提供给乡镇层级政府人员参与设计的可能性；二是人际公平，要强调以人为本，充分尊重所有人的权利。比如当评估实施主体出现错误和偏差时，相应的领导可以提出质疑，所属的工作人员也可以提出保留意见，要尊重提出质疑的人，不能因为等级、性别、岗位、年龄等因素产生歧视，因此，人际的公平有助于乡镇层级政府绩效评估在和谐、快乐的过程中得以执行、发展和持续。

（4）明确性分析。明确性是乡镇层级政府绩效评价标准的程度，以及其为乡镇政府及其成员提供一个明确的指导，评估实施主体对他们的要求是什么，如何满足这些要求。相应的乡镇政府及其成员要明白乡镇的发展目标和战略规划。如果一个组织不明白他们应该做什么和如何做，实现自己的战略意图将是非常困难的。假若没有明确指出问题，想要达到完善乡镇层级政府绩效目的几乎是不可能，这样的评估体系根本也无价值可言了。对此，我们必须高度重视。

2.服务型乡镇政府实施绩效评估的局限性分析

我国乡镇层级政府绩效评估从无到有，而且从经验式的主观评判到客观评价体系的初步建立，其自身在内容和重点选择、实施绩效评估指标设计、实施绩效评估程序和方法、实施绩效评估结果利用等诸多方面取得了明显的进展。不过，由于当前我国政府部门改革仍处于过渡时期，切合社会主义市场经济需要的行政管理体制，仍然有待于进一步完善。所以，处于探索阶段的乡镇层级政府绩效评估不管在理论还是实践上都很不成熟，基本上其依然"还处在原始的手工业层面上"，存在的问题仍然是相当突出的。学者周志忍曾总结过当前我国的政府绩效评估包含"自发性""盲目性""无序性""随意性""单向性""涉关狭隘性""消极被动性""封闭神秘性"等特征，乡镇政府自然也无法幸免。这些问题已经成为乡镇政府绩效评估持续发展的障碍，如果不尽快解决，必将会导致基层政府绩效评估流于形式甚至步入歧途。

从调查来看，乡镇政府绩效评估存在的不足主要表现在以下几点：

（1）评估基本处于自发状态，缺乏必要的法律、法规做保障。我们从相关的资料与调查分析发现，现行的乡镇层级政府绩效评估体系较为宽泛，且缺乏法制保障。时下各地乡镇政府及其所属的各部门采用的实际绩效评估活动多处于自发状态，没有较具体、可操作的有效政策性指导，更缺乏相应的法律、法规以及必要的政策作为保障，造成了评估体系不系统，相关考核文件各自独立。乡镇政府的实际绩效考核体系主要由一批次"红头文件"构成,这些批次的"红头文件"出自各自独立的政府部门,限于部门自身职能范围,各自规定对于某一方面的考核内容。但是,这些考核文件互不从属,并且相互独立,不仅提升了绩效评估的成本,同时影响从整体上评价对应的政府工作。评估体系不稳定,实践中显示为考核文件常出常新,造成考核文件越来越多,其中的内容日趋庞杂。这就造成绩效评估活动无法在政府部门全面系统地实施,缺乏整体的战略规划;同时,评估活动带有盲目性,缺乏科学有效的手段;绩效评估活动缺乏相应的可持续性,往往流于表面;绩效评估的实施手段互不统一,难以相互开展和进行经验交流等工作。

(2)评估的价值目标仍以政府导向为主要因素。从评估主体来看,我们发现一般都是以本级政府作为评估主体。我国本级政府部门对其组成部门进行考核的手段一般都是使用一套既定评价体系进而对所有的部门进行评估,其中评估的重心一般是关于工作作风和工作人员个人的态度和一些年度相对重要的工作。但是,工作作风以及员工的工作态度基本上缺乏具体的评估指标,另外,乡镇政府担负推动农村经济发展,增强人民生活水平的重要任务,再加上传统的行政管理方面的体制和管理思想的作用,导致乡镇层级政府的绩效评估仍然是将 GDP 增长和招商引资的实现数额作为主要的考核标准。而忽视了考核和作为被评估对象的乡镇一级政府自身的社会公共服务工作水平和效率。在乡镇层级政府公务员队伍中有一大部分行政人员对实际绩效评估的认识存在众多误区,对于绩效评估在增强政府工作效能的真正价值方面没有足够清晰的认知,直接导致对乡镇层级政府的绩效评估工作停留在表面,太过于形式化。并且,这种对绩效评估理解的误区导致有些乡镇层级政府为了完成各种指标而弄虚作假。这些乡镇政府层级绩效评估工作变成了一种形式,并无法达到通过绩效评估工作改进政府为社会供给公共服务的质量和效率的目标。因为我国乡镇政府的特殊性,其公共服务的职能也显示出与其他层级政府不一致的特点。乡镇政府尚没有完成其向服务型政府的绝对转变,很多乡镇一级政府自身在行使职能的时候仍然有"权力交换""缺位""乱实施"以及"不到位"的现象。乡镇一级政府也未能根据其自身具备的特点完全发挥其自身公共服务的职能,乡镇层级政府不能明确自身应有的职能,必然造成其绩效评估体制也存在很多的缺点和漏洞,影响评估工作的顺利开展。

(3)技术手段方面存在的问题。当前,由于乡镇政府实施绩效评估存在的诸如目标多元性、自身产出的特殊性、员工劳动的密集性、实际评估标准的不确定性、评估主体认知效应的偏差性等诸多特点。从宏观和整体上设计一个全面、系统、合理、科学反映乡镇层级服务型政府要求的绩效评估体系,是十分困难的。在整个指标体系的涵盖领域方面,反映乡镇层级经济规划和建设水平、实际公共基础设施完善程度、当地民众文化素质、整个社会公共问题解决程度等诸多方面的指标,怎样纳入相应的设置权重,在推动经济发展与实现公平合理分配方面如何达成公平,存在着混乱以及误区;在指标体系构成要素中,存在定性分析指标十分多、定量分析不足的现象,由于乡镇所供给的公共产品和服务包含无形性和不可测量性,无法进行量化,造成在指标体系的信息系统保障方面,存在着数据不确定、数据欠缺等诸多不足。因此,指标引导、评价等功能的发挥,最终必须凭借量化数据的支持,而时下乡镇关于经济和社会等要素的统计资料和数据大多数是由乡镇收集完成。那么,在实现指标体系的应有价值时,往往遭遇数据编造、虚报指数等障碍,造成绩效评估指标体系无法建立和完善,阻碍了绩效评估目标的达成。

(4)乡镇政府实施公共服务绩效评估指标方面不科学。我国基层政府绩效评估实践中的指标体系都是由上一级政府为其所属的下一级政府制定的。最初,在长期以来的经济发展观的影响下,部分乡镇将发展经济当成政府公共服务的唯一职能,将当地GDP的增长作为评价一个乡镇政府职能的独一无二的标准,将对政府的考核工作单一地归结为对地方区域内经济发展的考核,缺乏相应的就业比例、社会救助、入学情况、生态环境保护等指标,所以,这种绩效观确实不再符合我国建设一个服务型政府的要求。我国现如今对乡镇层级政府公共服务工作开展的绩效评估主要是以定性为主,很少采用那些定量指标,而仅有的部分定量指标也主要是关联人数、财务和管理等诸多方面,具有很大程度的随意性和盲目性,缺乏系统的、科学的定量方面指标。最后强调,指标一般都是由上级政府来制定的,不过他们并没有将乡镇层级政府和其提供社会公共服务的消费者建议加入评估指标中去,造成指标的不完整性,也造成了乡镇政府的发展没有长远目标,只是长期被动地根据上级提供的评估指标去安排工作,却一直忽视了社会公众的需要,因此这完全不符合政府想要为公众提供公共服务的基准点和归宿,是不合理的,这主要表现为以下两个方面。

其一,从评估方式方面来看,通常采用一种自上而下的评估方式。这种评价手段主要是上级政府部门针对其所属的乡镇政府部门所负责的任务的完成情况开展考核和评价。实际上,乡镇一级政府作为当前我国政府组织中的一个基础性政府,其最主要的任务就是完成上级政府安排的任务。对上级主管部门负责报告的机制使得对于其所属的乡镇一级政府工作的实际绩效评估,基本是由上一级政府对应的部门来进行的。时下对乡镇政府使用的评估手段主要包含目标责任法、核心指标法、服务承诺法、员工岗位考核法等。其中,目标责任法作为现时期大部分乡镇政府采纳的绩效评估方式,这种自上而下的单一评价考核方式是我国的行政体制划分造成的。在政府的考核过程中,上级政府设定目标并与下级所属政府签订目标责任书,经由目标任务的完成情况,从而对下级政府进行考核。乡镇政府作为最低一级层次的政府,在目标责任考核实施的机制中只能被动地接受上级党委、政府的考核。综上,在以上提到的评估手段中,乡镇政府仅仅是处于被考核的地位,其结果只会造成乡镇政府形成只对其对应的上级负责的现象,却忽视了社会公众的需求,因而违背了绩效评估的初衷,这也是不科学的。

其二,从评估主体方面来看,我国本级政府部门实际对其组成部门开始考核的方式大多是使用一套既定的评价体系来对所有的所属部门进行评估,评估的关键一般是工作作风及其员工工作的态度和某个年度一些比较重要的工作。当下,工作作风和员工工作态度缺乏具体的评估指标;另外,乡镇政府面对的主要是农村地区,担负推动农村经济发展,增强人民生活水平的重要任务,传统的行政管理方面的体制和管理思想,导致乡镇层级政府的绩效评估仍然是将 GDP 增长和招商引资的实现数额作为主要的考核标准,而忽视了考核和作为被评估对象的乡镇一级政府自身的社会公共服务工作水平和效率。在乡镇层级政府公务员队伍中有一大部分行政人员对实际绩效评估的认识存在误区,对于绩效评估在增强政府工作效能的真正价值方面没有足够清晰的认知,直接导致行政人员对乡镇层级政府的绩效评估工作停留在表面,太过于形式化。并且,这种对绩效评估理解的误区导致有些乡镇层级政府为了完成各种指标,弄出一些不实际的所谓"形象工程",甚至是凭空提出一些假的数据来追求所谓政绩。这些乡镇政府层级的绩效评估工作变成了一种形式,并无法达到通过绩效评估工作改进政府为社会提供公共服务的质量和效率。因为我国乡镇政府的特殊性,其公共服务的职能也显示出与其他层级政府不一致的特点。乡镇政府尚没有完成其向服务型政府的绝对转变,很多乡镇一级政府自身在行使职能的时候仍然有"权力交换""缺位""乱实施"以及"不到位"的现象。乡镇一级也未能够根据其自身具备的特点完全发挥其自身公共服务的职能,乡镇层级政府不能明确自身应有的职能,必然造成其绩效评估体制也存在很多的缺点和漏洞,影响评估工作的顺利开展。

5.1.3 基层政府绩效评估精确性要求与主观评估方法的不足

乡村振兴战略背景下基层政府绩效测评很难完全以客观定量的方法来测量,那么是不是只能用主观评估的方法来完成测评?在管理科学和控制论、系统论等影响下,通过数据的精确分析来测量乡村振兴战略背景下基层政府绩效评估的成效,是我们必须要面对的问题,同时这也是绩效评估奉行的"管理主义"以及"绩效管理"理论所要求的,因此,乡村振兴战略背景下基层政府绩效评估亦不能脱离客观定量分析的精确性要求。

一方面,主观评估方法本身的局限,要求在乡村振兴战略背景下基层政府绩效评估过程中运用客观定量分析方法。主观评估基本上依靠评估主体在日常生活或在调查过程中的自身感知和体验来对基层政府绩效情况进行经验式的评估,这样的主观评估往往会受到自身知识、阅历以及情绪等因素的影响而产生偏差。即使在调查中采取技术化手段尽量规避评估主体自身的主观因素对绩效评估结果的影响,但很多影响因素是心理方面的隐性因素,比如首因效应、近因效应、晕轮效应、从众效应、宽大化倾向等心理误差。针对这些主观测评的弊端,对其有效规避的办法就是尽可能使指标得以量化,尽量限制或减少人为主观测评的参与范围与内容,尽可能通过统计数据来取得相应的测评指标,保证工作的效果。

另一方面,开展客观测评经由量化的绩效指标体系必然能将乡村振兴战略背景下基层政府建设的内容体系具体化。通过对乡村振兴战略背景下基层政府建设内容体系的职能划分,更容易对每一个项目进行具体的指标化设计,并明确各项指标的投入、产出与效果等,亦方便公众明确基层政府建设内容的内部流程和实际建设运行状况。同时,具体量化的绩效指标体系可以促使政府等公共部门以更加明确具体的语言向公众报告基层政府建设内容的实际状况,便于公众对服务型政府建设全过程进行监督和控制。此外,具体量化的绩效评估指标,通过定量分析能为各个部门和机构最后的绩效评估结果提供明确的数字化报告,便于不同地区的政府以及政府部门之间进行横向的绩效结果比较。

因此,为了克服传统的主观测评的不足,准确科学地测定乡村振兴战略背景下基层政府的绩效状况,就必须改变过去主要通过主观测评中凭经验、感知和体验的绩效评估方法,而是通过运用定量精确的数据化处理和评估方法,对乡村振兴战略背景下基层政府绩效做出科学精确化的评估结果,以便通过对绩效评估结果的研究和利用,采取措施,促进服务型政府更好更快地建设。

5.1.4 客观评估与主观评估相平衡:乡村振兴战略背景下基层政府绩效评估方法选择

与企业等营利性部门不同的是,由于政府等公共部门职能目标多元性的原因很难完全运用企业开展绩效评估的方法来"按部就班"地套到政府等公共部门的绩效评估中来。在对基层政府建设的内容进行描述后,在测评过程中,虽然有些是可以量化的,但很多时候是难以量化的,或者说难以完全量化,而在这种情况下,必须采用定性与定量相组合的评估方法来对指标体系进行描述和测评。

通过上文分析的主观定性评估和客观定量测评的优缺点分析,可以发现在乡村振兴战略背景下基层政府绩效评估中并没有一个固定不变的完美的评估方法,真正能全面反映乡村振兴战略背景下基层政府建设成效的绩效评估方法应该是主观定性评估方法和客观定量测评方法相互运用的综合评估办法,旨在通过不同的方式来验证绩效指标的客观科学正确。

5.2 基层政府公众满意度测评模型构建及其应用

"要设计出适当的绩效测量办法并非易事",而在很大程度上,"绩效指标只是绩效好坏的指示物,并不是要试图精确地测量绩效","除了有关目标全面进展情况的指标,或者有关财务目标成就的指标之外,还应该有关于顾客或委托人满意程度或者关于提供服务的速度和质量的指标"。[①] 在以公众

---

① [澳]欧文·E.休斯:《公共管理导论》(第三版),张成福、王学栋等译,中国人民大学出版社2007年版,第187–188页。

为导向的乡村振兴战略背景下基层政府绩效评估过程中，其测评模型的构建必须以公众利益为价值取向，在评估过程中注重维护和实现公众的权利和利益，并逐步扩大公众参与乡村振兴战略背景下基层政府绩效评估的范围深度。乡村振兴战略背景下基层政府绩效评估方法只是一种测量工具或手段、方式，更重要的是要在评估框架和模式以及价值理念上以公众为价值导向来构建乡村振兴战略背景下基层政府绩效评估模型或指标体系。

5.2.1 基层政府公众满意度测评方法的缘起与意义

积极吸纳公众参与"评价中国的公共服务行为是有些难度的，原因之一是由于一向缺少公众评价的条件与实践，因此从专业方法准备的角度也相对缺乏系统经验与资料可供借鉴，目前大量的评价案例仍然带有明显的实践性和探索性"[①]。相对来说，西方国家的绩效评估在吸纳公众参与方面做得比较好，例如美国采用的"顾客满意度指数"（ACSI）方面的测评方法是"滥觞"于众多西方发达国家实际绩效评估的一种模型或基本框架。

考察来看，"顾客满意度指数"（ACSI）是由美国密歇根大学商学院的两个国家质量研究中心以及美国质量协会一起开发和组织实施的。开始的时候，这一活动基本是民间发起、民间自己投入资金完成。后来，因为美国联邦政府发现了这一指数对于增进组织的服务质量、对于一个国家经济发展有特殊帮助，于是政府逐步给这一活动以一些资金支持。该指数实际上最开始只用于对已经在美国本土购买、并且由美国国内企业供给或在美国市场上占有一定份额的国外企业供给的产品和服务质量开展评价，后来又进一步提出了对政府部门供给的产品和服务的评价指数体系。该指数体系的结构模型如图 5-2 所示。

---

① 邓国胜、肖明超等：《群众评议政府绩效：理论、方法与实践》，北京大学出版社 2006 年版序言，第 10 页。

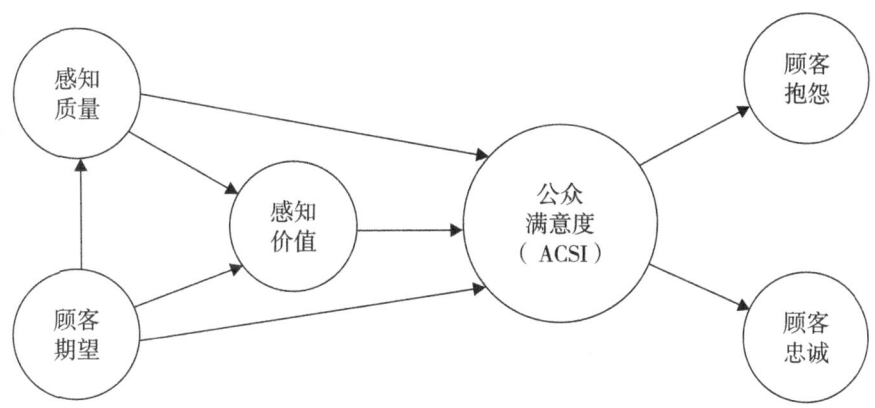

图 5-2 顾客满意度指数(ACSI)结构框架

通过图 5-2 可知,有关美国政府顾客满意度方面的指数模型涵盖顾客期望、感知质量、自身感知价值、顾客抱怨、有关顾客忠诚等五个要素或部分组成。其中顾客满意度属于最终的目标诉求,而另外的顾客期望、感知质量以及感知价值则属于原因变量,另外的顾客抱怨、顾客忠诚则属于结果变量。不过我们发现结构模型中全部 6 个结构变量都属于不能够直接测量的潜变量,必须通过观测变量来测算,其具体结构变量和观测变量如表 5-1 所示。

表 5-1 顾客满意度指数(ACSI)结构模型方面的结构变量和相应的观测变量图表

结构变量要素	观测变量要素
顾客期望	1. 对质量的总体期望 2. 对质量满足顾客需求程度的期望 3. 对服务可靠性的期望
感知质量	1. 对服务质量的总体评价 2. 对服务质量满足需求程度的评价 3. 对服务质量可靠性的评价
感知价值	1. 给定服务质量下对价格的评价 2. 给定价格下对服务质量的评价

续表 5-1

结构变量要素	观测变量要素
顾客满意度	1. 总体满意度 2. 服务质量同期望的比较 3. 服务质量同理想的比较
顾客抱怨	1. 向厂商抱怨次数 2. 向经销商抱怨次数
顾客忠诚	1. 重复购买的可能 2. 能承受的涨价幅度

通过上表5-1可以看出,顾客满意度指数(ACSI)显然是对企业开展绩效评估所采取的指标体系。而在实际的运行和实施中,美国政府对原结构模型进行了修改和完善,使其更加符合政府等公共部门的公共服务或公共产品的特征,以及政府是以公众为导向,且将顾客对企业的忠诚变为公众对政府的信任,修改后的顾客满意度指数结构模型如图5-3所示。

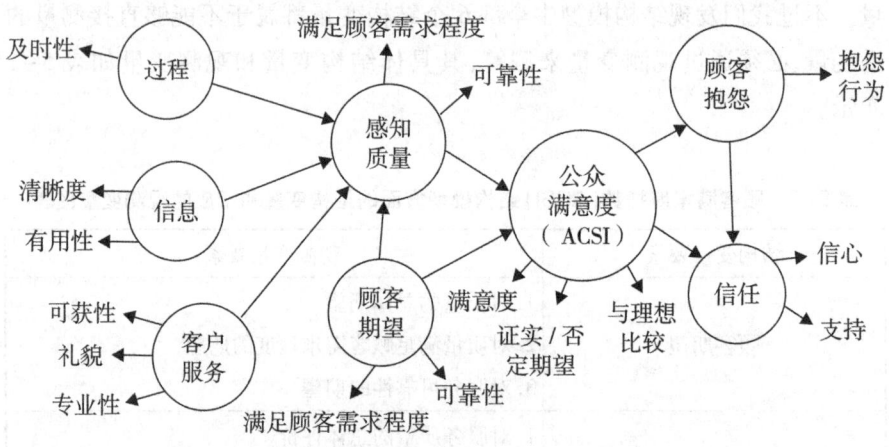

图5-3 美国政府顾客满意度指数(ACSI)结构修正框架

而其实施阶段通常涵盖识别顾客群体、组成顾客数据库、设计问卷、开展测量、公布指数的最终结果和对指数自身进行前后比较分析并全面利用调查结果等步骤。通过美国政府公众满意度指数结构模型可以看出,此评估模型注重顾客的感知和期望,有效地回应了公众对绩效的期望和参与;同时各个结构和变量之间都存在着一定程度的逻辑联系,并注重定量分析,保证了绩效评估结果的客观公正准确。

5.2.2 基层政府法治绩效评估的公众满意度测评模型构建

乡村振兴战略背景下基层政府绩效评估所包含的评估内容十分广泛，其中涵盖对服务型乡镇政府的法治实施绩效进行评估和考核。因为政府绩效考核的范围过于广泛，我们也许能试着把评估内容分解成几个方面，然后分别对每个方面进行评估，最后再汇总分析整个服务型乡镇政府的绩效评估。下面以对乡村振兴战略背景下基层政府法治绩效评估公众满意度测评模型的构建为例。

乡村振兴战略背景下基层政府法治绩效评估公众满意度测评模型的构建，除了要符合公众满意度测评模型的核心价值理念之外，还需要考虑平衡计分卡的绩效维度，以及法治建设的内容体系。在前文的分析中已经指出，乡村振兴战略背景下基层政府法治建设有其特殊性，以及法治建设内容体系的系统性，因此要求政府绩效评估也应具有系统性特征，乡村振兴战略背景下基层政府绩效评估亦应综合衡量乡村振兴战略背景下基层政府法治建设的整体内容。在前文的分析中，已经提出了乡村振兴战略背景下基层政府法治建设的指标体系。而对此指标体系开展评估，则需要通过调查问卷的方式采集数据，通过对法治建设调查问卷的数据分析，一方面可以得到公众对本地区法治建设的评价，另一方面可以分析调查问卷或测评指标体系的合理性和科学性，以在接下来的修正阶段对指标进行修改和完善。

同时考虑到乡村振兴战略背景下基层政府法治建设仅仅是政府职能活动的一项内容，对其开展绩效评估需要充分考虑这一问题，同时又要把法治建设当作一项系统工程来对待，这也是辩证法中整体与部分的辩证关系。因此，在设计乡村振兴战略背景下基层政府法治绩效评估的公众满意度测评框架和模型的过程中，并不是完全按照美国政府的公众满意度测评模型来架构，而是将其核心理念蕴含在调查问卷之中，使其内嵌于调查问卷的结构中。具体调查问卷的结构和模式较为复杂，在此摘录其中部分内容来举例说明（见表5-2）。

表 5-2 对法治建设中公民普法情况展开的调查

问题	1.是	2.否
1. 您是否知晓我国效力最高的法律?		
2. 您是否知晓"上位法"与"下位法"的法律效力?		
3. 您是否知晓乡村振兴战略背景下基层政府法律是由什么部门制定的?		
4. 您是否知晓行政法规是由什么部门制定的?		
5. 您是否知晓"法治社会""法治政府""以法治国"等概念?		
6. 如果有条件,您是否会经常参加关于法律方面的活动?		
7. 您是否希望多了解些法律方面的知识?		
8. 您是否知晓本人拥有的基本权利和其他所有权利以及应该履行的所有义务?		
9. 当您的权益遭受损害时,您是否会用法律手段解决?		
10. 您是否认为法律在现实生活中很有用?		

问题	1.很满意	2.满意	3.一般	4.不满意	5.很不满意
1. 您对本地乡村振兴战略背景下基层政府实施的公民法制宣传和教育方面的评价怎样?					
2. 您对本地乡村振兴战略背景下基层政府公民的所有权利和其他政治、经济、生态、社会和文化权利的行使和达成评价怎样?					
3. 您对本地乡村振兴战略背景下基层政府公民的所有义务和社会公德得到保障和遵守情况评价怎样?					
4. 您对本地乡村振兴战略背景下基层政府开展的法制教育以及公众道德教育评价怎样?					
5. 您对本地区全部公民遵纪守法以及其自身道德素养程度整体评价怎样?					

通过分析调查问卷中对"公民普法"这一法治建设内容的问题设置可以看出,问卷设计结构和问题基本上蕴含着公众满意度测评指数的价值"内

核",其内在的对应关系如表5-3所示。

表5-3 公众满意度测评指数与调查问卷的内在对应关系(以"公民普法"为例)

公众满意度指数之结构变量	观测变量
公众感知质量	1.您是否知晓我国效力最高的法律?
	2.您是否知晓"上位法"与"下位法"的法律效力?
	3.您是否知晓乡村振兴战略背景下基层政府法律是由什么部门制定的?
	4.您是否知晓行政法规是由什么部门制定的?
	5.您是否知晓"法治社会""法治政府""以法治国"等概念?
	6.如果有条件您是否会经常参加关于法律方面的活动?
	7.您是否知晓自己拥有的基本权利和其他各项权利以及应该履行的各项义务?
公众感知期望	1.您是否希望多了解些法律方面的知识?
公众信任	1.当您的权益受到损害时,您是否会选择法律手段解决?
	2.您是否认为法律在现实生活中很有用?
公众感知价值和公众满意度	1.您对本地乡村振兴战略背景下基层政府开展的公民法制宣传和教育评价如何?
	2.您对本地乡村振兴战略背景下基层政府公民的各项权利和其他政治、经济、社会和文化权利的行使和实现评价如何?
	3.您对本地乡村振兴战略背景下基层政府公民的各项义务和社会公德得到履行和遵守情况评价如何?
	4.您对本地乡村振兴战略背景下基层政府开展的法制教育与道德教育评价如何?
	5.您对本地区公民遵纪守法以及道德素养程度整体评价如何?

政府绩效评估体系研究调查问卷是在查阅和参考大量文献和调研访谈的基础上制定的。问卷设计主要包括三部分内容。第一部分是对乡村振兴战略背景下基层政府法治建设内容现状的调查,将法治建设分为公民普法、民主政治、法治建设、依法行政、公正司法等五个方面来调查,主要采用2级点和5级点的李克特量表来测评;第二部分主要是公众对乡村振兴战略背景下基层政府法治建设的情况的认知;第三部分主要是被调查者的基本情况,主要包括年龄、受教育程度、收入水平、职业等情况。

层次分析法首先要求把问题条理化、层次化,构造出一个有层次的结构模型。在这个模型下,复杂问题被分解为元素的组成部分。这些元素又按其属性及关系形成若干层次。上一层次的元素作为准则对下一层次有关元素起支配作用。本书通过对"您对本地区公民遵纪守法以及道德素养程度整体评价如何？您对本地民主政治建设完善程度的整体评价如何？您对本地乡村振兴战略背景下基层政府法治建设和完善程度的整体评价如何？您对本地乡村振兴战略背景下基层政府依法行政的整体评价如何？您对本地乡村振兴战略背景下基层政府公正司法的完善程度的整体评价如何？"五个问题进行统计,以问卷中居民对各个问题的满意度判断统计出对每个因素的满意程度,将满意度分为五个等级,即很不满意、不太满意、一般、比较满意、很满意。从居民做出选择的频数来看,选取了其中的不太满意、一般、比较满意进行层次分析。具体到本文所研究的乡村振兴战略背景下基层政府绩效评估的层次结构模型如图5-4所示。

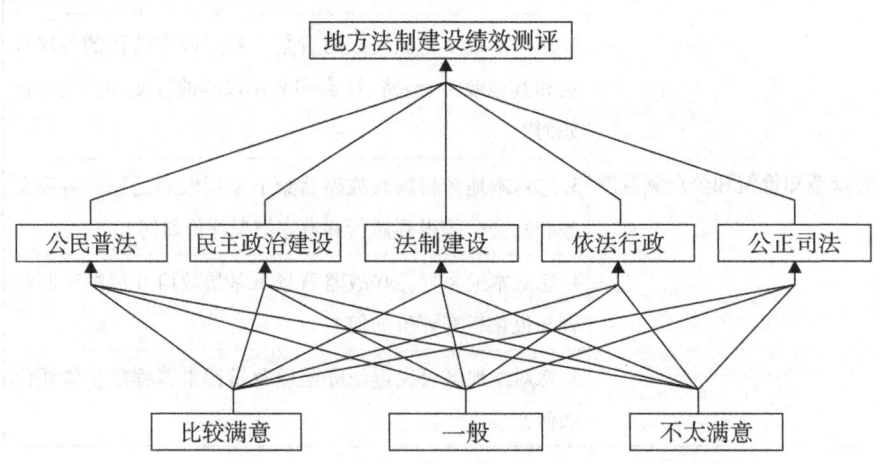

图5-4 乡村振兴战略背景下基层政府绩效评估的层次结构模型

只不过在本分析中,将第三层次的指标更换为满意度指标,着重测评公众对地方法治建设的主内容的满意度情况,以及法治的各项建设内容对法治建设整体的影响程度。此外还要构造两两比较判断矩阵,并通过常用数字 1~9 及其倒数作为标度,如表 5-4 所示。

表 5-4 标度类型图表

标度内容	含义内容
1 项	表示两个因素开展比较,具有同样重要性程度
3 项	表示两个因素开展比较,一个因素比另一个因素稍微重要一些
5 项	表示两个因素开展比较,一个因素比另一个因素明显重要一些
7 项	表示两个因素开展比较,一个因素比另一个因素强烈重要一些
9 项	表示两个因素开展比较,一个因素比另一个因素极端重要一些
2,4,6,8 项	上述两个相邻判断阈值的中值数据
倒数项	因素 i 与 j 开展对比的判断 a^i,则其中因素 j 与 i 开展对比的判断 $a^j = 1/a^i$

5.2.3 基层政府法治的公众满意度测评方法的实证检验

通过对调查问卷获得的数据进行分析可知。本次开展的实际调查共发放有关调查问卷 2000 份,最终获得有效调查问卷 1906 份,属于有效调查,并且此次调查属于大样本抽样调查。因为,在此次调查中大概分三个区域——苏北、苏中以及苏南地区——开展调查。综合来看,受调查者中,位于苏南的占 635 份,约占总量的 33.3%;位于苏中的占 643 份,约占总数的 33.7%;位于苏北的占 628 份,约占总数的 33%。从调查问卷整体发放及回收的分布情况来看,此次调查基本上可以说是均衡分布的,因为三个地区基本均占 1/3 左右比例。

法治绩效公众满意度测评的层次分析模型设计。在此部分的分析中,以问卷中居民对 5 个问题的满意度判断统计出对每个因素的满意程度,将满意度分为五个等级,即很不满意、不太满意、一般、比较满意、很满意。从居民做出选择的频数来看,选取其中的不太满意、一般、比较满意进行层次分析。

首先进行频率统计分析,具体见表5-5～表5-20。

表5-5 总体统计量

		您对本地区公民遵纪守法以及道德素养程度整体评价怎样?	您对本地民主政治建设方面的完善程度的整体评价怎样?	您对本地区法治建设和完善程度的整体评价怎样?	您对自己本地区(县)政府依法开展行政的整体评价怎样?	您对本地公正司法实施的完善程度的整体评价怎样?
N	有效	6668	6668	6668	6668	6668
	未返	0	0	0	0	0
	众数	5	5	4.00	4	4
	方差数	1.315	1.648	1.723	1.035	0.870

表5-6 Q2.5(您对本地区公民遵纪守法以及道德素养程度整体评价如何?)频率表

		频率	百分比(%)	有效百分比(%)	累积百分比(%)
有效	很不满意	224	3.4	3.4	3.4
	不太满意	1276	19.1	19.1	22.5
	一般	1112	16.7	16.7	39.2
	比较满意	2541	38.1	38.1	77.3
	很满意	1515	22.7	22.7	100.0
	合计	6668	100.0	100.0	

表5-7 Q4.5(您对本地民主政治建设完善程度的整体评价如何?)频率表

		频率	百分比(%)	有效百分比(%)	累积百分比(%)
有效	很不同意	352	5.3	5.3	5.9
	不太同意	667	10	10	15.9
	无所谓	1122	16.8	16.8	32.7
	比较同意	3076	46.1	46.1	78.8
	非常同意	1451	21.8	21.8	100.0
	合计	6668	100.0	100.0	

表 5-8　Q6.5(您对本地法治建设和完善程度的整体评价如何?)频率表

		频率	百分比(%)	有效百分比(%)	累积百分比(%)
有效	很不满意	703	10.5	10.5	10.5
	不太满意	992	14.9	14.9	25.4
	一般	1930	28.9	28.9	54.3
	比较满意	1436	21.6	21.6	75.9
	很满意	1607	24.1	24.1	100.0
	合计	6668	100.0	100.0	

表 5-9　Q8.5(您对本地政府依法行政的整体评价如何?)频率表

		频率	百分比(%)	有效百分比(%)	累积百分比(%)
有效	很不满意	183	2.7	2.7	2.7
	不太满意	793	11.9	11.9	14.6
	一般	1365	20.5	20.5	35.1
	比较满意	2633	39.5	39.5	74.6
	很满意	1694	25.4	25.4	100.0
	合计	6668	100.0	100.0	

表 5-10　Q10.5(您对本地公正司法实施的完善程度整体评价如何?)频率表

		频率	百分比(%)	有效百分比(%)	累积百分比(%)
有效	很不满意	188	2.8	2.8	2.8
	不太满意	576	8.6	8.6	11.4
	一般	1370	20.6	20.6	32
	比较满意	2757	41.3	41.3	73.3
	很满意	1777	26.7	26.7	100.0
	合计	6668	100.0	100.0	

接下来对各个因素进行比率统计,作为层次分析中因素重要性设置的依据。比率分析主要是用于对两个变量值的比率变化进行描述分析。比率分析生成比率变量,并对该比率变量计算基本描述性统计量(如均值、中位数、标准差、全距等),进而分析出比率变量的集中趋势和离散程度。

表5-11 Q2.5(您对本地区公民遵纪守法以及道德素养程度整体评价如何?)/Q4.5(您对本地民主政治建设完善程度的整体评价如何?)的比率统计量

价格相关微分	离散系数	方差系数
		中值居中
1.024	0.075	21.7%

从此统计中可以看出,Q2.5(您对本地区公民遵纪守法以及道德素养程度整体评价如何?)/Q4.5(您对本地民主政治建设完善程度的整体评价如何?)比率变量的离散程度为0.075,居中程度为21.7%,为相对集中,说明两个变量相关性较大,公众的选择集中性强。

表5-12 Q2.5(您对本地区公民遵纪守法以及道德素养程度整体评价如何?)/Q6.5(您对本地法治建设和完善程度的整体评价如何?)的比率统计量

价格相关微分	离散系数	方差系数
		中值居中
1.073	0.187	36.0%

从此统计中可以看出,Q2.5(您对本地区公民遵纪守法以及道德素养程度整体评价如何?)/Q6.5(您对本地法治建设和完善程度的整体评价如何?)比率变量的离散程度为0.187,居中程度为36%,集中性比较强。说明两个变量相关性很大,公众的选择集中性强。

表 5-13 Q2.5(您对本地区公民遵纪守法以及道德素养程度整体评价如何?)/Q8.5(您对本地政府依法行政的整体评价如何?)的比率统计量

价格相关微分	离散系数	方差系数
		中值居中
0.998	0.055	12.7%

从此统计中可以看出,Q2.5(您对本地区公民遵纪守法以及道德素养程度整体评价如何?)/Q8.5(您对本地政府依法行政的整体评价如何?)比率变量的离散程度为 0.055,居中程度为 12.7%,集中性弱。说明两个变量相关性很一般,公众的选择不太集中。

表 5-14 Q2.5(您对本地区公民遵纪守法以及道德素养程度整体评价如何?)/Q10.5(您对本地公正司法的完善程度的整体评价如何?)的比率统计量

价格相关微分	离散系数	方差系数
		中值居中
0.997	0.080	15.4%

从此统计中可以看出,Q2.5(您对本地区公民遵纪守法以及道德素养程度整体评价如何?)/Q10.5(您对本地公正司法的完善程度的整体评价如何?)比率变量的离散程度为 0.080,居中程度为 15.4%,集中性弱。说明两个变量相关性很一般,公众的选择不太集中。

表 5-15 Q4.5(您对本地民主政治建设完善程度的整体评价如何?)/Q6.5(您对本地法治建设和完善程度的整体评价如何?)的比率统计量

价格相关微分	离散系数	方差系数
		中值居中
1.062	0.205	34.2%

从此统计中可以看出,Q4.5(您对本地民主政治建设完善程度的整体评价如何?)/Q6.5(您对本地法治建设和完善程度的整体评价如何?)比率变量

的离散程度为 0.205，居中程度为 34.2%，集中性强。说明两个变量相关性很大，公众的选择集中。

表 5-16　Q4.5(您对本地民主政治建设完善程度的整体评价如何?)/Q8.5(您对本地政府依法行政的整体评价如何?)的比率统计量

价格相关微分	离散系数	方差系数 中值居中
0.994	0.042	12.6%

从此统计中可以看出，Q4.5(您对本地民主政治建设完善程度的整体评价如何?)/Q8.5(您对本地政府依法行政的整体评价如何?)比率变量的离散程度为 0.042，居中程度为 12.6%，集中性弱。说明两个变量相关性很一般，公众的选择不太集中。

表 5-17　Q4.5(您对本地民主政治建设完善程度的整体评价如何?)/Q10.5(您对本地公正司法的完善程度的整体评价如何?)的比率统计量

价格相关微分	离散系数	方差系数 中值居中
0.992	0.063	14.6%

从此统计中可以看出，Q4.5(您对本地民主政治建设完善程度的整体评价如何?)/Q10.5(您对本地公正司法的完善程度的整体评价如何?)比率变量的离散程度为 0.063，居中程度为 14.6%，集中性弱。说明两个变量相关性很一般，公众的选择不太集中。

表 5-18　Q6.5(您对本地法治建设和完善程度的整体评价如何?)/Q8.5(您对本地政府依法行政的整体评价如何?)的比率统计量

价格相关微分	离散系数	方差系数 中值居中
0.973	0.198	22.7%

从此统计中可以看出,Q6.5(您对本地法治建设和完善程度的整体评价如何?)/Q8.5(您对本地政府依法行政的整体评价如何?)比率变量的离散程度为0.198,居中程度为22.7%,集中性强。说明两个变量相关性很大,公众的选择集中。

表5-19　Q6.5(您对本地法治建设和完善程度的整体评价如何?)/Q10.5(您对本地公正司法的完善程度的整体评价如何?)的比率统计量

价格相关微分	离散系数	方差系数
		中值居中
0.968	0.189	24.1%

从此统计中可以看出,Q6.5(您对本地法治建设和完善程度的整体评价如何?)/Q10.5(您对本地公正司法的完善程度的整体评价如何?)比率变量的离散程度为0.189,居中程度为24.1%,集中性强。说明两个变量相关性很大,公众的选择集中。

表5-20　Q8.5(您对本地政府依法行政的整体评价如何?)/Q10.5(您对本地公正司法的完善程度的整体评价如何?)的比率统计量

价格相关微分	离散系数	方差系数
		中值居中
1.000	0.025	9.0%

从此统计中可以看出,Q8.5(您对本地政府依法行政的整体评价如何?)/Q10.5(您对本地公正司法的完善程度的整体评价如何?)比率变量的离散程度为0.025,居中程度为9.0%,集中性弱。说明两个变量相关性很一般,公众的选择不太集中。

通过比率变量的分析以及离散程度系数和居中度的比较,可以得出"公民普法"与"民主政治""法制完善程度"相关性较强;而"公民普法"与"依法行政""公正司法程度"相关性较弱。其中的"民主政治建设"与当地"法制完善程度"相关性较强;但是与"依法行政""公正司法程度"相关性较弱。不过我们发现,"法制完善"与"依法行政""公正司法程度"相关性较强。但是,"依法行政"与"公正司法程度"相关性较弱。所以,综合来看,我们能够发现"公民普法""民主政治""法制完善程度"三者之间具有较强的相关性,但是"依法行政""公正司法程度"两者相关性较弱,以资借鉴。

接下来通过 SPSS 软件利用层次分析法在以上频率和比率统计量的基础上对模型中的数据进行分析,得出最终满意度结果见表 5-21。

表 5-21 层次分析结构测得的最终满意度结果

既定方案	权重系数
比较满意	0.4977
不太满意	0.2019
一般	0.3004

从表 5-21 所示的最终结果上看,公民对法治建设绩效的评价主要是比较满意。公民对法制绩效评估选择"比较满意"的权重为 0.4977,"不太满意"的权重为 0.2019,"一般"的权重为 0.3004,整体上说明公民对法治建设绩效的评价"比较满意"居多。

表 5-22 法治建设绩效测评总体比较判断矩阵

区(县)法治建设绩效测评	公民普法	民主政治建设	法制完善	依法行政	公正司法	所占比重
公民普法	1.0000	1.0000	1.9190	5.0000	4.0000	0.3164
民主政治建设	1.0000	1.0000	1.2468	5.0000	6.0000	0.3148
法制完善	0.5211	0.8021	1.0000	5.0000	6.0000	0.2530
依法行政	0.2000	0.2000	0.2000	1.0000	2.0000	0.0667
公正司法	0.2500	0.1667	0.1667	0.5000	1.0000	0.0492

$\lambda max = 5.1360$ $CR = 0.0304 < 0.10$

从表 5-22 可以看出,$CR = 0.0304 < 0.10$,认为判断矩阵的一致性是可以接受的。表中反映出了"公民普法""民主政治建设""法制完善""依法行政""公正司法"五个指标互相之间的重要程度矩阵,并给出了各个变量的重要程度比较。从上表可以看出,"公民普法"所占权重为 0.3164,"民主政治

建设"所占权重为0.3148,"法制完善"所占权重为0.2530,"依法行政"所占权重为0.0667,"公正司法"所占权重为0.0492。可以看出"公民普法"和"民主政治建设"对地区法治建设影响较大,其次是"法制完善"程度,而"依法行政"和"公正司法"对地方法治建设的影响程度小。

表5-23 "公民普法"三个判别程度(比较满意、不太满意、一般)的比较矩阵

公民普法	比较满意	不太满意	一般	所占比重
比较满意	1.0000	6.0000	5.0000	0.7286
不太满意	0.1667	1.0000	2.0000	0.1626
一般	0.2000	0.5000	1.0000	0.1088

$\lambda \max = 3.0858$　　$CR = 0.0825 < 0.10$

从表5-23可以看出,$CR = 0.0825 < 0.10$,可以认为判断矩阵的一致性是可以接受的,上表反映出了"公民普法"的三个判别程度(比较满意、不太满意、一般)的比较矩阵,"比较满意"占的权重为0.7286,"不太满意"所占的权重是0.1626,"一般"所占的权重为0.1088,可见公众对"公民普法"的满意程度为"比较满意"居多。

表5-24 "民主政治建设"三个判别程度(比较满意、不太满意、一般)的比较矩阵

民主政治建设	比较满意	不太满意	一般	所占比重
比较满意	1.0000	12.0000	4.0000	0.7500
不太满意	0.0833	1.0000	0.3333	0.0625
一般	0.2500	3.0000	1.0000	0.1875

$\lambda \max = 3.0000$　　$CR = 0.0000 < 0.10$

从表5-24可以看出,$CR = 0.0000 < 0.10$,可以认为判断矩阵的一致性是可以接受的,上表反映出"民主政治建设"的三个判别程度(比较满意、不太满意、一般)的比较矩阵,"比较满意"占的权重为0.7500,"不太满意"所占的权重是0.0625,"一般"所占的权重为0.1875,可见公众对"民主政治建设"的满意程度为"比较满意"居多。

表 5-25 "法制完善"三个判别程度（比较满意、不太满意、一般）的比较矩阵

法制完善	比较满意	不太满意	一般	所占比重
比较满意	1.0000	2.0000	0.2000	0.1865
不太满意	0.5000	1.0000	0.2500	0.1265
一般	5.0000	4.0000	1.0000	0.6870

λmax=3.0940　CR=0.0904<0.10

从表 5-25 可以看出，CR=0.0904<0.10，可以认为判断矩阵的一致性是可以接受的，上表反映出"法制完善"的三个判别程度（比较满意、不太满意、一般）的比较矩阵，"比较满意"占的权重为 0.1865，"不太满意"所占的权重是 0.1265，"一般"所占的权重为 0.6870，可见公众对"法制完善"的满意程度为"一般"居多。

表 5-26 "依法行政"三个判别程度（比较满意、不太满意、一般）的比较矩阵

依法行政	比较满意	不太满意	一般	所占比重
比较满意	1.0000	6.0000	5.0000	0.7172
不太满意	0.1667	1.0000	0.3333	0.0881
一般	0.2000	3.0000	1.0000	0.1947

λmax=3.0940　CR=0.0904<0.10

从表 5-26 可以看出，CR=0.0904<0.10，可以认为判断矩阵的一致性是可以接受的，上表反映出"依法行政"的三个判别程度（比较满意、不太满意、一般）的比较矩阵，"比较满意"占的权重为 0.7172，"不太满意"所占的权重是 0.0881，"一般"所占的权重为 0.1974，可见公众对"依法行政"的满意程度为"比较满意"居多。

表 5-27 "公正司法"三个判别程度（比较满意、不太满意、一般）的比较矩阵

公正司法	比较满意	不太满意	一般	所占比重
比较满意	1.0000	8.9000	4.9000	0.7338
不太满意	0.1124	1.0000	0.2101	0.0598
一般	0.2041	4.7587	1.0000	0.2064

λmax=3.1040　CR=0.1000<0.10

从表 5-27 可以看出,CR=0.1000<0.10,可以认为判断矩阵的一致性是可以接受的,上表反映的是"公正司法"的三个判别程度(比较满意、不太满意、一般)的比较矩阵,"比较满意"占的权重为 0.7338,"不太满意"所占的权重是 0.0598,"一般"所占的权重为 0.2064,可见公众对"公正司法"的满意程度为"比较满意"居多。

综合以上分析,可以绘制出"法治绩效测评的层次分析结构",如图 5-5 所示。

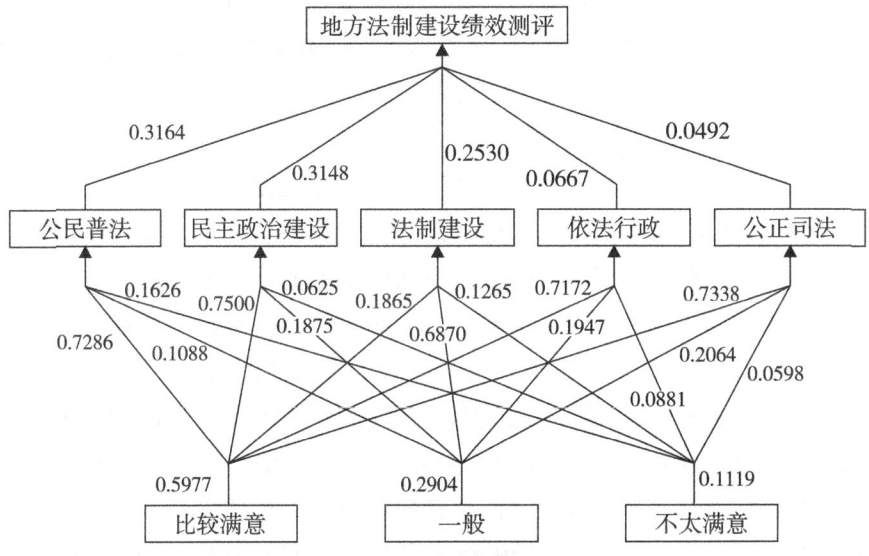

图 5-5 法治绩效测评的层次分析结构

在法治绩效测评的层次分析模型的分析中,对法治绩效测评影响程度从高到低依次是"公民普法""民主政治""法制完善""依法行政""公正司法",其影响权重系数依次是 0.3164、0.3148、0.2530、0.0667、0.0492。得出法治绩效评估五个方面的权重后,对服务型政府的法治绩效进行评估就会科学得多了。这个案例对我们进行服务型政府绩效评估具有参考和借鉴的价值。

5.2.4 公众满意度测评方法的科学性与基层政府绩效评估方法选择

运用公众满意度测评方法,以公众满意为原则和导向对乡村振兴战略背景下基层政府法治绩效开展绩效测评,能使公众充分评价本地乡村振兴战略背景下基层政府法治建设现状,从整体上对本地区的法治建设成效作出评价,同时对法治建设的各项具体内容作出具体和有针对性的满意度评价,亦能使政府等公共部门明确法治建设过程中的短板。此外,运用定量分析模型对数据开展分析,这在一定程度上保证了评估结果的科学性,能将主观评价与客观定量测评相结合。

一是公众满意度测评能使公众充分表达对本地区法治建设成效的满意度,并能明确公众对本地区法治建设的感知和期望。公众满意度测评是建立在公众感知、公众期望、公众信任、公众感知价值等维度上的一套测评结构和框架,这基本上保证了在指标设计上必须能明确反映出公众对这几项指标或理念的判定标准。根据公众对本地区法治建设状况和成效的反馈,能直观反映出公众对本地区法治建设的接受和认可程度。同时政府等公共部门亦能从公众的感知和行动中判别公众的需求和意愿,进而发现在法治建设过程中工作的不足,发现法治建设的成效与公众的满意和需求之间的偏差,以此进一步完善法治建设机制和制度,提供使公众满意的法治建设服务,以使自身工作得到公众的认可,赢得公众的满意。

二是本研究着重吸收和借鉴了公众满意度测评方法的价值内核和理念,将其内化于指标体系之中,并在实际的调查问卷中结合法治建设的内容体系,作出相对性的设计。在本研究设计的调查问卷中,一方面遵循了公众满意度测评结构的理念,将公众感知、感知价值、公众期望、公众满意度等内化于各项法治建设内容所测评的指标体系中,另一方面又遵循了指标体系设计中的层次化和结构化的框架安排,使得最后的测评结果既能反映出公众对本地区建设的整体性评价和整体满意度,亦能反映出公众对本地区建设各项内容的满意度评价,还能使建设部门明晰法治建设的短板。这从体系架构上将法治建设的整体与部分相统一。

三是在公众满意度调查的基础上,能将主观评估方法与客观定量测评方法相统一。公众满意度测评主要采取的是公众主观的测评,能极大程度地调研出公众对本地区法治建设的满意度,是一种外在的"质"的评价。而在公众满意度调查的基础上,通过采取定量分析模型和统计方法对采集到的数据和模型进行内在的效度检验和验证,更大程度测量乡村振兴战略背景下基层政府法治绩效测评体系、框架的内在质量以及指标间的相关性。

5.3 基层政府绩效评估体系的合理性论证

乡村振兴战略背景下基层政府绩效评估体系属于一个包括评估实施主体、评估采用指标、评估实施框架和模型以及评估手段在内的系统评价工程。尽管前文已经初步构建和设计出了相关基层政府绩效评估的主体治理结构、指标体系、评估方法等,本节仍需对其科学性、合理性进行理论上的论证。

5.3.1 基层政府绩效评估体系结构的系统性与完整性

公正、科学、合理的基层政府绩效评估体系是在明确的价值导向下,通过一系列的制度保障而形成的完整的评估体系。开展乡村振兴战略背景下基层政府的绩效评估,目的就是为了积极响应公众对乡村振兴战略背景下基层政府建设的呼声以及扩大公众的参与范围,增强政府对公众的回应性。乡村振兴战略背景下基层政府绩效评估体系构建的一个系统性原则要求依据评估对象——乡村振兴战略背景下基层政府建设的一种客观实际属性和性质以及内容来系统构建,所有评估指标都应与乡村振兴战略背景下基层政府建设的具体结果相一致。乡村振兴战略背景下基层政府绩效评估实施的完整性原则提出绩效评估体系的各个结构组成要从整体上满足乡村振兴战略背景下基层政府建设的价值目的、战略愿景和目标所向。

本书意在构建乡村振兴战略背景下基层政府绩效评估框架体系,一方面,经由绩效指标的设计来全面反映乡村振兴战略背景下基层政府建设的系统框架、内容体系,从而能够约束乡村振兴战略背景下基层政府建设的实际操作内容,包含系统性和导向性。另一方面,本研究设计出来的绩效评估实施主体、绩效评估具体指标框架以及开展的绩效评估方法的采纳等要素都将乡村振兴战略背景下基层政府的价值意识和以人为本、社会公众本位的理念深入到地区绩效评估框架体系的全过程,显示出乡村振兴战略背景下基层政府绩效评估框架体系的系统性和完整性,从而为基层政府开展绩效评估工作提供有力的支撑。

5.3.2 基层政府绩效评估体系功能的鲁棒性与灵活性

"鲁棒性"是控制系统论中的一个概念,主要是指在一个系统中,当其中某一个参数发生变动或摄动时,该系统是否仍能保持正常运转或工作的一种属性或特性,旨在说明当系统中的某个部分或因素发生变化时,整个系统仍能保持基本的运转。如果具体到基层政府绩效评估框架体系,则要求该评估框架体系能够涵盖"因地制宜"的适应性、操作性和灵动性特征。"政府作为一个系统,不同组成部分有着不同的特点,任何企图以一种模式去套用所有情境的思路在实践上都是行不通的。"[①]本文所构建的乡村振兴战略背景下基层政府绩效评估体系是一个系统的模型,最终目的是强调一种评估框架或是一种模式,并不是强调"放之四海而皆准"的一种基层政府建设的有效评估准则。因为各地历史传统、自然地理生态以及经济社会整体发展水平等的巨大不同,都表现出不同的地域特征,所以好的绩效评估框架体系,其重要价值在于可以根据不同地区的实际情况不断地调试评估框架体系各个组成要素,从而适应被评估地区政府、部门、社会大众的实际状况。

总的来说,本书所构建的乡村振兴战略背景下基层政府绩效评估体系,已经从一定程度上提供了一套不同地区开展具体绩效评估的思路。一般而言,在多元评估实施主体的构建过程中,要依照本地区政府部门工作实际,当地社会发展实际,进而合理选择和搭配不同的实际绩效评估主体来加入本地区的绩效评估,总的来说就是要根据不同评估实施主体的优缺点以及在本地区的实际发展情况来选择。比如经济社会发展先进的有关地区,社会组织和相应的专业评估组织发展比较完善,公众意识和一般公共精神程度高,那么在开展绩效评估的实践过程中,可给予社会评估实施主体更多的权重;同时,在社会组织发展相对不健全和不完善的地区,公众意识和社会心态依然不理性的现状下,政府主导本地区绩效评估的实际权重则应该大些。那么,以此来构建的本地区具体绩效评估指标体系具有很强的科学性,

---

① 陈天祥:《美国政府绩效评估的缘起和发展》,载《武汉大学学报》(哲学社会科学版),2007年第2期,第169页。

在坚持政府建设工作的整体性和完整性的前提下,绩效评估框架体系仍具有较强的适应性、科学性和灵活性特征。

5.3.3 基层政府绩效评估体系的工具性与价值性的统一

纵观政府绩效评估发展的历程,基本上经历了效率导向型、结果导向型、管理导向型三个阶段。效率导向型的绩效评估注重投入与产出的比例,评估结果希望通过较少的投入和消耗来获得最大限度的产出,注重效率取向。结果导向型的绩效评估注重公共物品或服务提供的质量、公众满意度,而对过程投入的关注较少。管理导向型的绩效评估注重政府能力的评估,注重政府在人事管理、财政管理、信息技术管理等方面的能力。这些评估过程,往往忽视公众的价值利益,甚至将社会公众视为政府的附属物,社会公众的权利维护使得公众难以通过绩效评估对政府进行控制,评估主体往往是政府单一主体的内部评估,更遑论在绩效评估过程中吸纳公众的参与。这时候的绩效评估往往追求绩效评估的工具理性,忽视其价值诉求。

当代西方发达国家正在开展的以考评政府能力为核心的绩效评估,更多地被管理主义的技术价值取向支配,注重绩效评估数据的模型化、科学化、精确化,强调绩效评估程序的合理性、指标体系的可测量性、数据测量的精确性等工具性价值导向。可以说,绩效评估作为一个监督政府的工具,本身并无价值可言,核心在于绩效评估实施的有关主体以及绩效评估具体程序、指标体系等所涵盖和坚持的价值取向等。具体来说,本书所构建的基层政府绩效评估体系,是在借鉴绩效评估顾客本位的价值理念下,以公众本位为价值和指导思想,坚持绩效评估"以人为本"的科学价值观,寻求乡村振兴战略背景下基层政府绩效评估的工具性与价值性的统一。首先,乡村振兴战略背景下基层政府绩效评估框架体系强调积极吸纳公众广泛加入本地区的绩效评估,不管是依托社会组织还是被动地吸纳到政府主导的实际绩效评估中,均强调必须积极发挥公众的价值,从而构建一个多元主体参与的具体绩效评估主体体系,并按照本地环境情况和当地的经济社会发展水平,科学搭配不同绩效评估实施主体的参与范畴;在评估方法的运用中,注重公众满意度测评内在价值的内化和转化,使本地区绩效评估全过程注重实现和维护公众的权利。其次,乡村振兴战略背景下基层政府绩效评估框架体系的构建过程,严格依照绩效评估开展的程序,合理科学分析评估实施主体的优缺点,并根据企业绩效评估的手段,来构建绩效评估具体的三维立体逻辑框架要求下的指标体系,还要在调查研究的基础上,运用层次分析模型以及其他专业的统计分析方法对数据进行精确的分析,大概可以说满足了工具理性所推导的精确、科学地测量具体数据进而获取评估结果的要求,最终实现了乡村振兴战略背景下基层政府绩效评估框架体系工具性和价值性的有机统一,为绩效评估的实际开展提供了参考。

5.3.4 基层政府绩效评估体系的公共性与绩效性的统一

公共性属于人在实践活动中所显示出来的一种社会属性,指的是在人的利己性以及利他性的整合中所塑造的人类生存的共在性,昭示了人与人之间的相依性。而且在这个过程中,人既逐步为生存创造条件,又逐步实现自身价值和提升自我,从而促进社会发展。总的来看,公共性属于社会治理的目标和前提所在。在实践中,我国进行的现代社会治理方面的"公共性"并没有得到有力伸张,治理自身的"公共性"缺失现象也确实在一定层面存在。学界普遍认为,我国现代社会治理方面的"公共性",应体现在四个方面:立法执法的详慎与严谨;公共诉求自身的有限和理性;社会治理主体的使命感和应有的匠人精神;社会价值框架体系的开放和包容。

绩效一词,从字面意思来看,是绩与效的组合。如果从管理学的角度看,涵盖个人绩效和组织绩效两个内容。绩效可以被解释为组织中个人(群体)在某个特定时间内能够描述的工作行为和能够衡量的工作结果,以及此类组织结合个人(群体)在他们曾经过去工作中的素质以及能力,指导其改进提升,从而预计该人(群体)在某个未来特定时间内也许能取得的工作成效的整体。绩效还可以被解释为组织、团队或个人,在某种资源、条件和环境下,实现任务的出色程度,属于对目标实现程度及实现效率的衡量与反馈。如果将绩效用在公共部门中来衡量政府活动的效果的话,则属于一个包含多元目标在内的整体概念。综上,我们可以将绩效的特征概括为:绩效的多因性,也就是说绩效的优劣并非取决于单一的因素,而是一定受制于主、客观诸多因素的影响;绩效的多维性,也就是说绩效考评需从众多维度或方面去分析与衡量;动态性,指主体的绩效是会变化的,并且随着时间的推移,原来绩效差的可能改进较好,但是绩效好的也可能退步成劣,因此管理者切不可根据一时印象,以僵化的理念看待下级的绩效。管理者进行的绩效考察,应该是系统的、发展的、多视角的和权变的,防止主观、片面和僵化的情况出现。

结合基层政府绩效评估来看,政府绩效属于公共价值的最终载体,公共价值自身的性质和内涵决定了政府绩效是什么样的。我们在当前文献的基础上,认为政府绩效包含三种情况的公共价值分类模型。一是使命型公共价值,这个同 Rosenbloom 设定的任务型公共价值内涵是一样的,它由政府性质、法定职能和使命界定,这也决定了政府活动的一般属性、用途与价值,属于政策或项目本身所应当承载的使命与最终目标。假若政策和项目并未承载或者承载错了使命,研究其他两类价值毫无意义,所以,使命型公共价值在各类价值中处于核心地位。二是工具型公共价值,它属于实现使命型公共价值的方式与手段。使命型公共价值能够保障"做了正确的事",但是工具型公共价值则能够保障"正确地做事",重申了做事的方式与标准。三是权益型公共价值,此类政府除了要强调使命型目标实现、强调工具型手段运用,还应当关注其合法性要求,其中权益型公共价值强调被既定的立法、行政和司法活动还有党的执政理念所承认并属于受益群体整体关注的价值,旨在推动广义的具有"好政府"特质的价值创造,但因为不具有强制性,它也就最容易受到忽视。

总的来说,上述三种类型公共价值各自对应三种政府绩效,经由公共价值的规定性以及政府绩效的导向性,不断形成一种动态调整机制。特别强调的是,公共价值属于社会价值建构的结果,同时社会价值建构内含着历史阶段性、参与程度的广泛性、公众共识基础上的价值创造、价值的可感知可测量并可以通过社会满意度衡量等特征。并且,对政府绩效具有独特规定性的公共价值内含着情境依赖性,不同时空情况下,各类型公共价值所对应的绩效内容也许会有不同,换言之,在各自的情境背景下,同一绩效内容可能会从属于不相似的价值类型。其中二者关系可以用图5-6表示。

可以说,传统的政府绩效评估框架体系缺乏对公共价值的关注,同时没有从价值链全周期总结可以落地的测度体系,产生的结果是,政府绩效容易因公共价值偏离而导致绩效损失。构建依凭公共价值的政府绩效评估结构,首先要认识到此类公共价值对政府绩效内含着本质规定性,其次在绩效作业的任何一个环节都有可能出现各类型的不同绩效损失,因此要基于政府绩效价值链全周期以及全类型开展测度。总的来看,基于公共价值建构的政府绩效评估涵盖以下四个步骤。

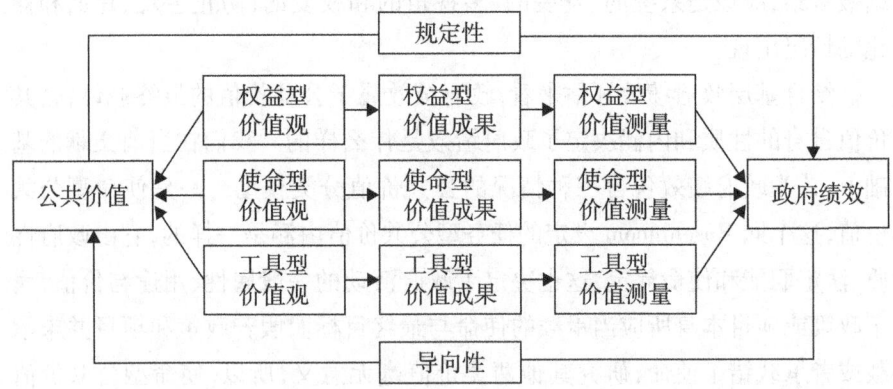

图 5-6　公共价值与政府绩效的关系图

第一步骤,参与式建构。可以说参与式建构是基于一定公共价值开展的政府绩效评估的关键机制,也是第四代绩效评估理论的基本模式。此类机制的主要特征是强调经由包括政府和公众的整体参与和互动来建构此类公共价值,以实现集体共识和绩效的合作治理。新公共管理理论视角下的绩效评估(NPM-GPE)模式忽视"价值理性"成分,其开展的评估等活动中的参与者大多是利益相关者主体和其现实的服务对象,而且参与此类评估活动属于在既定框架下的被动行为,这和我们所强调的参与式建构存在着本质不同。另外,参与式建构强调的此类公共价值是在特定政府与公众等社会主体之间的互动中产生的,从而使政府绩效回归公共性特征。

第二步骤,响应式互动。响应式互动属于解决政府与公众互动过程中各种价值相互冲突的具体机制。具体说来,政府作为特定公共政策的供给者必须承担响应式互动中的相应组织工作,包括滋养公共精神、搭建公众参与平台、引导公众积极参与、积极回应社会公众诉求。同时,公众作为公共政策的基本面向对象,是此类响应式互动的核心,必须积极参与互动,向政府传递价值偏好。在响应式互动程序中,首先,双方均必须基于自身立场传递价值偏好;其次,面向存在价值冲突的内容开展深度互动,基于能够支配的资源、时下的政治经济文化环境等诸多因素排除不合理的功用诉求,确定公共价值自身的优先项;最后,实现公共价值观共识。需要特别强调的是,实践中的具体响应式互动过程十分复杂,价值冲突往往需要多次的互动博弈方可解决,成功的核心是各方要秉持诚挚的观念、理性的思维、有力的证据进行互动活动。

第三步骤,公共价值观识别。此类公共价值观对政府绩效来说具有规定作用和指导作用,并且是在响应式互动的前提下,主体之间实现公共价值共识。其中,前述的使命型价值观即应该达成什么样的价值目标,我们以公共项目为例,比如高铁项目是为了便利社会公众出行、培训项目目的是要促进就业率提升、公益类的环保项目旨在提升生活环境。当然,工具型价值观即为达成价值目标所需要的根本手段,比如"提高效率""降低成本"以及"高质量"。而权益型价值观即在作业绩效过程中,不会因达成一种价值而对另一类型价值消解,或达成一部分人的价值而降低另一部分人的价值,就像"公众参与权""及时回应性""公众满意""个人隐私"等内容。

第四步骤,政府绩效测度。依照 PV-GPG 理论可知,实践中对每一类公共价值的偏离终究都会产生绩效损失。所以,政府绩效评估需要依凭"公共价值观念—公共价值效益—公共价值平衡—政府绩效测度指标"等方面的路径。具体步骤如下:①建构后的此类公共价值观用于船体"什么是有价值的?"这个问题达成共识;但是公共价值成果是要经由公共资源的投入、作业并设计"有形的公共价值物";其中公共价值测量属于对公共价值成果的理解,最终的价值集合显示为政府绩效。②根据上述路径,提出三种不同公共价值类别下的政府绩效测度指标。③细化绩效指标的数据获取渠道、目标值与判定标准内容。④召集绩效作业各主体对构建的指标框架、目标值、判断标准开展认同度测定。⑤基于指标体系进行实证测度。此处需要说明的是,面对不同情境,不同情形下的政府绩效并非同时实现。比如,在公共项目中,使命型绩效只有在公共项目投入实际使用后才会生成,所以在项目的结果环节开展测度;而工具型绩效以及权益型绩效分布在公共项目自身的价值链全周期的各个环节,并且自项目计划伊始就必须启动绩效评估。同时,使命型绩效在项目进展过程中始终具有一致性,因为项目目标只要建构确定,便已经被赋予了合法性。那么,其他两类绩效也许在不同的环节内含着不同内容。依据以上步骤与逻辑,基于不同政府绩效类型,我们能够构建基于公共价值的政府绩效评估框架体系,具体如图 5-7 所示。

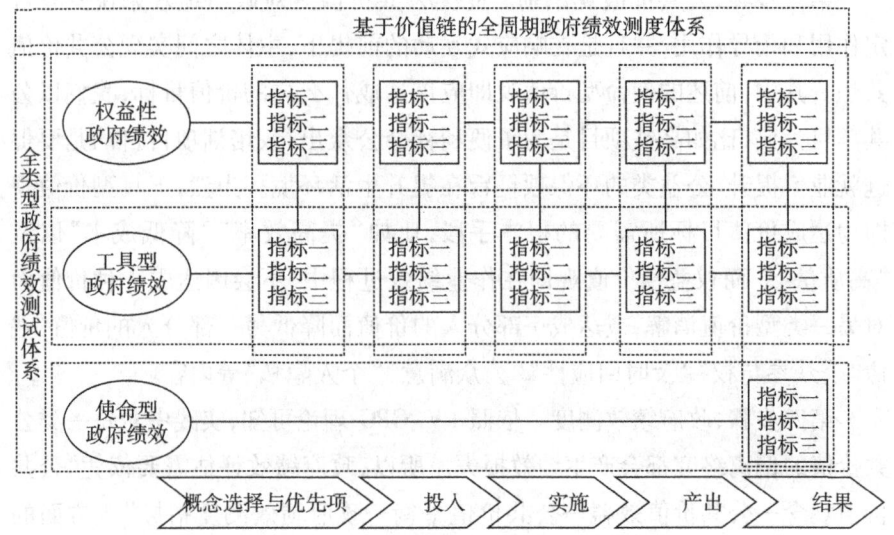

图 5-7 基于公共价值的政府绩效评估框架体系

第 6 章
国外基层政府绩效评估模型与实践模式

乡村振兴不仅仅在我国得到重视,国外诸多发达国家也十分关注乡村振兴问题,并采取诸多措施以促动乡村振兴。因为基层政府在乡村振兴战略中的重要性,很多国外发达国家都在实践中探索基层政府的绩效评估模式,一起更好地发挥基层政府的应有功能。其中的乡村振兴模式及其相关的基层政府绩效评估模型值得我们借鉴。

6.1 国外发达国家乡村振兴战略模式概述

国外发达国家和地区在乡村振兴方面践行了诸多适合其自身的发展模式,根据地域特点,在此选择其中五个具有代表性的乡村振兴模式。

6.1.1 英国——以政府政策扶持,推动乡村社区发展模式

一般来说,英国乡村从来不是凋敝没落的代替性表述,有时反而是富裕阶层的所在。英国从中央层面至地方层面都积极颁行法律保障乡村发展。到了第二次世界大战后其还颁布了第一个正式的《农业法》,特别强调对农业耕地的保护。到了20世纪六七十年代,英国大城市居民也逐渐热衷回归乡村,特别是英国为此颁行了专门适用于英格兰和威尔士地区的《乡村保护法》,增强了对乡村田园景观等方面的保护力度,保障建设乡村公园。到了2000年,政府开始实施"英格兰乡村发展计划",建设一个有活力和特色的乡村社区,促动乡村采取多样化的各具特色的发展模式。而2010年以来颁行的规划政策把最新的城乡一体化目标融入了地方政府发展计划,增进了地方政府在规划中的作用,也增强了英国整个乡村发展的能动性。

当下,英国政府经由财政支持乡村发展的范围包含:乡村基本支付保障

计划,2017年大概有7.1万农户接受这个项目计划支持,其中资助金额达到了13亿英镑;乡村范畴经济发展主体资助计划,规定2015—2020年必须安排1.38亿英镑用于保障乡村小微经营以及农业多样化经营,以期振兴乡村旅游业,增强农业生产率以及林业生产率,加强乡村公共服务水平,加大乡村文化和传统文物方面的保护开发力度。从1978年开始,英国的各级政府建立了一个有机的农村生态服务系统,进一步加强乡村生态系统保护。这也为乡村企业供给各类公共性支持服务提供方便,涵盖增建就业服务设施、基层乡村就业网络信息服务等诸多方面。

时下,英国的乡村发展主要是环境、食品及具体的乡村事务部负责实施。在依据欧盟指令发布和践行其七年计划以外,这些部门还承担着保护乡村域内自然环境、确保英国粮食产量和农牧产业方面的世界竞争力,当然还包含乡村社区繁荣的行政主管职能。其管辖中的乡村支付署是服务于乡村经济和社会发展的基本事务机构,负责实施英国政府的基本乡村发展计划及欧盟下达的共同农业政策。

另外,英国注重充分发挥基层政府咨询机构及乡村民间机构融入乡村发展的作用,就像英国自然委员会对支持保护英国乡村自然生态起到积极功能。英国民间对乡村社区发展规划、促进乡村地方自治以及可持续发展参与热情十分高涨。

6.1.2 荷兰——高效"农地整理"模式

客观来讲,荷兰国土面积比较狭小,不过却成了一个农业出口大国。其中就得益于该国对现有存在的农村资源的整合以及地区优势的发挥。到了20世纪二三十年代,荷兰政府先后两次公布实施了《土地整理法》,将原本分散在农户手中的零星土地集中,改善土壤质量,完善水、电、路诸方面的农村基础设施,最大限度提升土地生产率。1954年,荷兰再次颁布一部新的《土地整理法》,其中的中心任务是维系乡村传统景观,保全部分土地进行自然恢复、休闲娱乐和村庄振兴。

20世纪70年代以后,荷兰又开始实施转变农业发展的单一方略,转向乡村的综合开发利用,包括合理规划农业土地用途,发展乡村旅游业;践行绿色农业,增加自然环境景观质量;科学减少农田的碎片化利用,达成规模经营等,实现高效产业兴农战略。另外,还按照《土地整理法》以及《空间规划法》的规定,按照自然规律框定的农用地整治项目区域的作用,对土地进行调整、变更、合并、重新分配,从而提升土地利用布局和结构,推动农村综合发展,加强乡村基础设施建设,优化生产生活条件,科学开发利用土地资源,维系生态环境的功能。

6.1.3 欧盟——"乡村发展计划"模式

在全球化浪潮下,欧盟农业委员会专门召开了有关农村地区振兴发展的会议,参会者共同认为:农村地区必须更加充分地激发发展能量,乡村明天才会更好,这要求各国决策者们步调一致,共同努力渡过难关。从而拉开了欧洲发展农村、强化农业的序幕。

其中,欧盟就其农业一体化方面起到了重要作用。为了推动智慧、可持续以及包容性发展,保障自然资源及生态的可持续利用,强调农村发展的资金支持必须优先保障农业以及农村发展的知识创新。增强资源的有效利用,降低贫困,提高社会福利和社会包容性,还要求各成员国应主动制定农村发展战略,应包含可操作的实施路径。现今,欧盟七年一度的"乡村发展计划",属于"共同农业政策"的基本保障。

详细说来,"乡村发展计划"中涵盖的主要法律框架有:农村发展项目及规划,保障农村发展的财政倾斜、直接支付及相应转移支付等方面的法规。一般情况下,欧盟境内农村发展资助维系的优先领域含有:农业经营管理水平的增强,包括新一代农民的培养以及扶持;农产品和食品的质量管理;提供灾害保险及相关保障;增大对农场及农业产业的帮助力度;农村地区所需的基础设施和乡村发展建设,就像投资商业网络、宽带和其他相关基础设施;保障林业发展,架构农林一体化的体制;有关灾害管理、保险投入及风险基金的使用安排;农户收入保障途径等。该发展计划需要欧洲农村发展农业基金资助,覆盖众多农村发展子项目,资金总额达到了610亿欧元。另外,该委员会每七年置备当期的优先发展项目以及重点支持政策,所有成员国及区域经由其农业部门申报计划,获得相关配套资金的划拨,同时,在项目实施后由第三方的机构评估实施效果。这个七年一度的商讨和立法机制,既能维系政策的连续性,又能恰当协调成员国之间的发展新态势,从而把法案的严肃性以及时效性融为一体,值得我国借鉴、学习。

6.1.4 美国——健全法治，推动农村社区发展模式

总的来说，美国在农村社区发展以及社区建设管理方面的法规体系还是比较完善的，包含联邦、州及相关地方市县三个层级。根据规定，联邦层级法规主要有每五年完善一次的《农业法案》以及《土地法》，还有《国家环境政策法》和《住房法》等。因为乡村地区差异性大，因此，联邦法规一般具有一定的弹性。美国基层政府对乡村规划与其他城镇规划一样，也实施严格的功能分区制度，严格划分土地使用类别，一般用道路、景观区和间隔绿化带划分农业生产区、乡村居民居住区、商业功能区等诸多功能区，以期为公共设施建设供给良好的条件。

多部《农业法案》都有涉及农业促进和农村社区发展方面的规范，一般而言含有四大类计划举措：商业与产业类方面计划，专门性领域计划，合作性组织计划，乡村能源节约计划。这些措施就是确保美国乡村域内高质量的就业机会，保障乡村商业繁荣，保障乡村可持续能源供给等，其中受益群体涵盖乡村居民个体、企业、公共个体、非营利单位等诸多方面。目前，依据美国乡村发展的管理框架体系，美国农业部直属的乡村发展署经由具体的乡村事务性机构予以实施。

另外，美国还专门出台复苏法案以加强对农村发展的帮助。2009年，由于经济萧条，美国于是通过《农业法案》与《2009年美国复苏与再投资法》，这个法案沿袭凯恩斯主义，各级政府大力提高在乡村公共基础建设服务方面的投资，出台了三大领域帮扶投资计划，即针对乡村电力方面、乡村通信和宽带方面、水资源和环境支持方面等，为农村社区的基础建设和长远规划奠定基石。此外，还出台"社区设施借款及补助"一系列补贴拨款。拨款项目明显包含复苏经济的新政补贴、特殊时期刺激经济的临时性举措影子，且拨款基本集中在2009年。在数年发展后，这些项目完善了美国农村基础设施，特别是网络电信的落后状况，对某些区域的民生优化作出了积极贡献。而在农业及农村社区发展采纳特别的税收措施，促动乡村发展，推动收入增长。农户的收入来源一直适用特别的征收途径，对农户的农具投资进行减免或者优惠。就像针对一些乡村小型企业起步或扩大经营活动的投资渴望，各州可制订具体的投资税收信贷细则。其中蒙大拿州制订了面向乡村退休人员的所得税收激励措施，促动向乡村社区捐赠私人资产用于乡村社

区领域内的公共性事业。

6.1.5 日本——"一村一品"乡村治理模式

日本进行的乡村治理，已经从单纯的农村经济发展，逐渐扩展到乡村景观与环境的改善、居民健康与福利事业等所有农村生活层面。政府为推动农村治理发展，实施的主要举措有如下几种。

其一，实施了现代化带动战略：依凭农业现代化促进农村的整体发展。曾经为了切实减少工农和城乡之间的差距，当时的日本政府基于产业振兴的角度，确定了将促进农业发展当成乡村振兴发展的轴心和重点，注重提升农民收入来进一步推动农村的全面发展。尤其是从1961年起，日本政府陆续颁布了《农业基本法》以及《农业现代化资金筹措法》诸系列涉农领域的法律法规，并且对《农地法》以及《农振法》等法律法规进行了新的修订完善，进而从政策、制度等方面确保支持农业、农村的健康、稳定、可持续发展和农业农村的规范发展。

其二，在社会实践中注重促进农村与农业的均等发展。自1999年开始，日本在最初《农业基本法》的前提下，又相继颁行《食品·农业·农村基本法》以及《山区振兴法》等相关法律，并制定了详尽的实施计划。一方面，政府进一步扩展了对山区农民农业生产的财政补贴，并且设立了一个"农村建设专项费"，专门支持农村的个性化、环境友好型的发展；另一方面，日本政府依照新颁布的《景观法》，专门扶持农村、山村还有渔村地区特色自然生态景观建设发展。同时，日本政府还经由农村地区居民、社会民间自治组织等多元主体的一起参与，鼓励、保障农村地区非农产业领域的发展。实践中，从1979年开始，其中的大分县推行实施"一村一品"运动，并斩获较好成绩，从而强劲推动了农业以及农村并行发展，塑造了自然与农业生产和谐共处的田园景观。

其三，强调城乡互动融合。在此方面，日本政府支持在农村实施绿色观光事业，践行农村生活体验等活动，强化提升城乡国民间的双向交相协同，建立了城市与农村同处共存及双向交流的有机机制，从而为达成城乡的联动发展供给了制度保障条件。

总体可以发现，日本通过实施政治、经济、文化等诸多层面的举措，强化了对农业生产和农村居民生活的基础设施方面的建设力度，全面减少了城乡差距,增强了农业和农村领域的现代化治理水平,乡村农民的收入实现同步提升,农村的消费潜力获得激发,也推动了工业的进一步发展。综合来看,日本造村运动的实践状况可以看出:乡村振兴属于一个从量的积累再发展到质的飞跃的变化过程,但是此过程是渐进的、长期的。可以说,从最初杜绝城乡差距开始,到系统推进农业生产环境整治,又发展到营造农村景观,全面提升农村生活水准,更发展到高度关注生态环境治理,其间经历了一个循序渐进的过程。

6.2　国外基层政府绩效评估模型与多元模式

6.2.1　国外基层政府绩效评估模型

综上,国外发达国家在乡村振兴战略实施中取得了一定的成效。正如上述所见,为了巩固和促动乡村振兴战略的长足发展,这些国家的基层政府开展了一系列的绩效评估活动,并且将绩效评估当成政府的一项公共服务来审视。1997年,经合组织(OECD)就已经围绕所追求的目标、评估实施途径、组织安排和获取绩效信息系统四个角度,结合乡村振兴战略实施,对10个国家(诸如英国、加拿大、美国、丹麦、芬兰、瑞典、法国、荷兰、韩国和日本)开展的基层绩效管理与有关评估实践进行了系统的田野调研和分析比较。其中各国业已在政府绩效评估实践过程中采取的办法、途径,我们可以将其总结为以下四种具体模型,从中吸取有益经验,从而推进我国相关工作的开展。

一是表现在政府实际的绩效评估与管理方面的制度化、法治化。其中美国对绩效评估开展制度化、法治化方面管理的里程碑式的做法是制定了一个《政府绩效与结果法案》,这个法案作为美国开展绩效管理的基本法律,对美国政府绩效管理工作做出了全面规定,其中还将政府绩效的立法目的、有关战略规划、绩效计划、最终绩效报告、管理责任与可控弹性以及试点方案都进行了具体明确的规定,这就让美国政府绩效评估有了明晰的法律效力以及依靠。当然,英国更是经由一系列的绩效评估法案,像《公民宪章》《公民宪章指南》《1992年公民宪章首次报告》《地方政府法》等,增强了公众的绩效评估意识,从而提升绩效评估和管理水平。而且还对绩效评估的内容、实施程序以及评估结果采纳等进行了规范化的明晰和健全。韩国政府政策协调办公室2000年颁布了《政府绩效评估框架法案》,其中对政府绩效评估工作的定义、目的、原则、实际评估类型和对象、所循评估程序、开展评估的监督机构、评估结果的最终运用等作了明确规定。时下我国还缺乏一部专门针对绩效评估的法律,虽然原人事部制定了一套政府绩效评估体系,但是只是部门规章,法律效力并不高,并且针对的对象主要是考评政府领导和负责人,并不是针对整个政府事务或职能的绩效评估。当然,为了适应我国的政府绩效实践,迫切需要学习和借鉴美国及其他西方国家公共部门在其绩效评估工作中的制度化、法治化的经验,渐次起草一套能对绩效评估进行规范和约束的绩效评估法案,从而让政府绩效评估进入法制化管理轨道上来。

二是表现在具体绩效评估过程中,比较重视依靠和发挥具有相对独立地位的、专业性相关的评估机构以及聪颖强干的评估管理机构。我们发现,西方国家的公共部门开展绩效评估的一个共同表现是非常注重有关专业性评估机构、相应领域专家学者的作用。美国的坎贝尔研究所就属于成立在大学里、依靠学校的专家学者力量,进而对美国地方政府进行绩效评估的一个专业性学术评估机构,另外加拿大所属的都市社区指导委员会专门组建了一个专家小组来开展关于美国的明尼苏达、英国审计委员会实施的政府绩效具体评估指标进行专门的调研分析,制定了一套专门针对社会服务供给的具体绩效评估体系。当然,"世界正义工程"本身就是美国律师协会联合国际律师协会、泛美律师协会、泛太平洋律师协会等社会律师组织等非政府组织一起倡议成立的,其评估实践过程也是凭借协会专家学者来对全球各个国家的法治建设情况开展评估工作的。这些专业、独立的第三方绩效评估机构和组织能极大程度地保持评估过程的客观、中立,同时在专家学者的智力支撑下,能够将专业的主客观绩效评估方法运用到绩效评估过程中去,保证绩效评估结果的精确性和评估程序的科学化。当然,具体到我国乡村振兴战略背景下基层政府绩效评估组织以及有关机构的建设,一方面要求在政府内部组织一个专职负责绩效评估工作的临时的"任务型组织",其负责对绩效评估进行统筹协调和日常管理安排;另一方面加强与市场第三方独立评估机构和有关高校、高等院所的相应领域专家咨询机构的合作,全面发挥这些智囊团的作用,系统发挥他们相对超脱的、独立的、相对理性的优势来对乡村振兴战略背景下基层政府的绩效实施评估。不过从国家层面来说,应关注绩效评估的建设和完善,强调培育社会组织中那些专门的绩效评估机构的成长,为绩效评估机构的持续发展壮大提供便利的、系统的制度环境氛围,并注重经由政策倾斜来给予那些社会专门的绩效评估机构进一步的成长发展机会和空间。

三是在开展绩效评估的实践过程中注重将社会公众满意度测评和相应客观定量测评相结合,达到主客观评估方法相结合,关注工具理性和价值理性二者的整合统一。在众多西方国家的绩效评估实践过程中,依照公共部门绩效评估根据顾客为导向的价值取向。例如,英国公民宪章是以广大公众的广泛介入和有效监督为主要特征的服务成效改进机制。在专门针对公共治理指标体系的实践评估中,注重考察有关政府效能和回应力,在经由调查问卷中的指标体系进而考察这些项目的同时,强调调查问卷的设计和具体调查方式的科学性。另外,在2008—2009年的实际问卷调查对象中有关学术界占62%和55%、有关政府界占22%和24%,而有关企业界占16%和21%,正是有了多元主体评估以及有关权重的合理分配,才保证了数据的完整、科学、合理、真实和准确。所以,在我国乡村振兴战略背景下基层政府绩效评估过程中,我们完全可借鉴有关社会法治指数测评的方法,经由广大公众和普通公民加入调查问卷的填写来具体测评本地区的绩效,继而合理设置各评估主体在具体评估体系中所占的权重,从而把公众满意度测评与具体调查数据专业性统计分析二者相结合,实现乡村振兴战略背景下基层政府绩效评估方面的工具理性和价值理性的整合统一。

四是高层领导的大力支持和督促。美国政府等公共部门的实际绩效评估始于克林顿总统执政初期,从早先的《戈尔报告》到后期的《绩效评估与结果法案》,它们几乎都是在克林顿总统执政时期建立完善的政府绩效评估框架制度和机制。同时,20世纪80年代,英国举国上下开展了一次大规模的绩效评估与行政管理运动,与"铁碾子"之称的撒切尔夫人持有的公共管理思想是紧密相关的,采用私营部门的管理理念和管理方法,认同其中的绩效管理和绩效理念,进而在全国开展了一次大规模的绩效评估工作和管理运动。其后的继任者梅杰首相接着发起了"公民宪章"以及"质量竞争"运动,继而将英国政府绩效评估工作与管理进一步推到了普遍化、规范化、法治化、科学化的轨道。1997年2月,美国NPR颁布一个"顾客需求战略规划及其最佳实践的基准比较分析报告"。这样强调:在设计和安排有效的绩效评估工作和管理制度时,那些高级执行者和管理者的加入是成功地开展绩效评估和管理必不可少的一部分,所以资深领导人应积极加入其组织制度的创造和实施过程中。① 具体到我国实际情况来看,就是一个地区同级党委和政府的上层领导应明确和重视有关绩效评估的重要性,进而把绩效评估视为监督、促使和完善乡村振兴战略背景下基层政府建设的一个重要手段和利器来看待,使实际绩效评估体系可以在本地区得以建立和确实运行。将绩效评估工作纳入重要议程,并提供相应动力机制,对本地区开展的绩效评估在机构、制度、人员、经费方面提供支持。并且在针对评估过程中遇到的有关阻力,主要领导必须力排众议,帮助评估机构解决困难、渡过难关、持续推进。

6.2.2 国外基层政府绩效的多元实践模式

综合分析各国在基层政府绩效评估、管理中的实践来看,各国在上述四个方面反映出不同的侧重,并且形成政府绩效管理和开展评估的多元实践模式,主要表现为以下几方面。

(1)从公共组织开展绩效管理和评估所强调的目标来看,可以把具体的实践模式划分为诸如"管理与改进""职能与控制""节约开支"等三大基本类型。其中目标和侧重点的不同确实带来管理机制和评估手段的不同。当然,"管理与改进型"更为突出引进竞争压力来增加绩效,强调市场检验、市场竞争力与标杆管理等十分灵活的管理工具和手段。在这种评估中,一个自下而上的模式能够在自愿的基础上使用,不过还需要一个自上而下的模式做补充。澳大利亚、芬兰以及北欧的瑞典属于此种类型。另外,"责任与控制型"评估工作只需要简单而透明的具体绩效信息系统,一个绩效指标与数据应是大众所熟悉了解并能够简单获得的。这种评估基本采用自上而下的模式。法国、新西兰以及岛国英国基本属于这个类型。当然,"节约开支型"大多关注公共部门的个体投入,由于此类评估并非基于公共部门的自愿,所以自下而上的评估模式无法得到大量使用。美国和加拿大更为倾向于此种类型。不过,实践具有极大复杂性,各国并不会强调单一目标,而是在众多多元目标中取得平衡。同时,受财政状况和其他众多外部因素的影

---

① 卓越:《政府绩效管理导论》,清华大学出版社2006年版,第333页。

响,世界各国绩效管理和实际评估所追求的目标处在一个动态变化过程中,不同区域空间和不同时间段之内目标的侧重点也是不同的。

(2)从公共部门开展绩效管理与评估的具体实施途径来看,可以将其划分为自上而下或自下而上、激进或渐进、个别或系统等不同途径。遵循经合组织的结论,北欧的芬兰、丹麦和瑞典等诸多国家一般属典型的自下而上的分权化途径,因为上层很少或根本缺乏正式的要求;澳大利亚、新西兰则可以归属于自上而下的途径;不过,法国、加拿大,还有荷兰、英国和美国则采用的基本是两者都有的一种复合式评估途径。从促动力度来讲,新西兰国家采用的是激进方式,对应的芬兰和法国则采用的是一种试点或实验性的独立渐进式方案模式。

(3)从绩效管理与评估工作的组织安排来看,设立一个专门机构负责具体的绩效管理和评估工作是各国的通行做法,不过机构隶属以及相互关系上存在差异。概括而言,财政或预算部门经常在评估过程中发挥着关键的督促和指导作用,就像美国和澳大利亚,其中的财政或预算管理部门专门设置一个绩效评估的管理机构。当然,除财政/预算部门以外,隶属中央的其他部门也对具体绩效管理和评估工作承担责任,例如芬兰和挪威的内政部长就有权引领地方政府的具体绩效管理和评估工作,另外法国负责公共服务方面的部长、新西兰的国家服务委员会和隶属英国的公共服务办公室,它们都负有促进和推行具体绩效管理和评估的重任。所以鉴于传统政府部门并非都是赞同绩效管理和评估,因此在现有部门内部建立一个专家机构就成为普遍做法,这个专家管理机构主要是发挥思想库的作用,促进以及引领绩效管理和评估。同时,建立相关的具体培训制度,帮助组织成员逐渐转变观念态度,这也是实际制度安排的必要组成。

(4)从绩效管理与评估工作的信息系统来看,世界各国也呈现不同的偏向。绩效信息系统涵盖评估内容、绩效数据最终审核、结果反馈制度以及获取的绩效信息利用机制等四个方面的内容。

不过,在绩效评估体系的内容上,因为被评估的组织性质不同,并且评估的侧重点也存在不同,比如新西兰偏向产出,澳大利亚和美国偏向效益,丹麦则偏向顾客满意度,但具体的评估指标应该包含组织的所有活动内容以及实际支出项目。另外,具体的评估内容会随着管理工作的需要不断变化。当然,组织予以改进的一种服务性质也决定了实际评估的内容结构。能够体会到的服务比较容易确定和评估,其次是与个人自身相关的服务,最不容易开展评估的是像政策建议或咨询之类的无形服务。有些国家像新西兰和英国,曾采纳一些可衡量的指标将部分无形的服务转化为可体验的服务,比如对政策本身质量的衡量,可以经由实际采用的数量、覆盖广度、政策的及时性、政策投入和列出质量标准检查目录等方法,使质量评估更可以便利性实施。

实践中,在绩效评估信息的审核工作方面,一般都有专门的机构负责实施。新西兰颁布的《公共财政法》中就规定各部委每年应该提供绩效审计报告;而同时英国国家审计办公室承担中央部委的绩效审计,所有地方政府绩效信息的具体审核由审计委员会负责;同样在澳大利亚,国会所属的财政和公共行政委员都应经常对绩效信息质量提出相应的中肯意见,同时国家审计办公室会做出具体的绩效信息是否影响决策工作的评价,在加拿大,其所属的总审计长负责与具体绩效评估信息相关的工作内容。

另外,在绩效信息的利用机制方面,包含以下三个内容:使用绩效信息检验机构是否达到原先设定的价值;利用绩效信息编制绩效方面的预算;利用绩效评估获取的信息对组织和个人实施绩效激励。在绩效预算工作中,澳大利亚、瑞典以及芬兰、加拿大已经启动由绩效导向的预算转向特别重视年度报告。不过,丹麦、加拿大和瑞典三个国家执行的是跨年度预算,以保证相对的财政适当。

虽然不同的文化和行政管理机制会侧重不同的绩效要素,采用不同的评估制度以及评估程序安排,但所有开展绩效改革的国家,其实施效率、所获效益和成本意识都已经有显著提高,政治担当更加明确,责任机制也十分透明。许多国家都已经指出,在开发良好绩效信息数据系统遇到困难时,应该特别重视通过内部磋商、部门自我审计和利益相关人加入的方式建立组织内部机构的信息系统。其中,诸如英国的绩效报告和具体绩效问责、荷兰的最终绩效预算、瑞士的实际绩效合同、美国的绩效改良措施与公民参与、欧盟的实际绩效评价与自我评估等途径,都是各国在绩效管理与实施评估的具体实践探索中总结出的十分有效的经验与做法。

6.3 国外基层政府绩效评估实践模式的具体表现

为了更好地发现并借鉴国外发达国家在基层政府绩效评估实践中取得的成功经验。下面就选择几个较为典型的国家或地区进行述评。由于学界在介绍国外除中央政府外的政府绩效评估实践时,都采用了地方政府的称谓,即用地方政府涵盖基层政府范畴,基层政府的绩效评估与管理当然适用于地方政府绩效评估管理。

6.3.1 英国地方政府的绩效评估主体和叙述报告

为了更恰当地了解英国地方政府绩效评估与管理实践,在此,本书只选择其中的威尔士与苏格兰两个地区进行介绍。

1. 威尔士地方政府绩效评估实践

第一,威尔士地方政府绩效评估主体的确定。由于历史与政治原因,威尔士地方政府最初采用"最佳价值"框架;不过,威尔士地方政府机构一起合作开发了威尔士独特的 WPI 框架,再后期进行的 WPI 修正和立法,均是由威尔士自己负责。这个 WPI 框架将绩效指标全部涵盖在内,包含机构绩效以及服务绩效两个部分要素。

威尔士地方政府的绩效指标制定主体基本是地区层和地方层。2000年,威尔士地方国民议会颁行"威尔士最佳价值绩效指标"。2002 年 WPI 正式建立,在原来法定指标基础上,增添了各地方当局自设指标。2005 年,为了昭显威尔士整体绩效,比较所有地方当局绩效差异,新的 WPI 把"威尔士核心数据库"涵盖在内,该数据库均是威尔士政府负责。2009 年,威尔士部长大臣在征求地方当局代表以及相关人员意见后,重建了指标体系。到了2014 年,为了更好地评估社会服务与幸福绩效,一部《威尔士社会服务与幸福法案》颁行,威尔士政府据此列举《测量社会服务绩效实践准则》,进而对 WPI 指标体系相应修改完善。

第二,威尔士地方政府绩效评估与管理:叙述报告与标杆管理。与中央政府不同,威尔士地区政府以及地方当局普遍理解的绩效管理目的是满足地方居民对社区公共服务的渴望,提高生活质量,各地由于在经济社会等方面差异比较大,应采用更强调地方情境的考评方式。因此 2002 年后,威尔士逐渐采用 WPI,仅强调地方当局制定相应的叙述性报告展示绩效,而且不再排名,特别是在 WPI 第一阶段,强调对地方当局的有关风险评估要服从与审计官的双边保密协定,造成地区政府领导和一般公众没有办法知道地方有关当局的表现,所以 WPI 第二阶段取消了这个要求。

因为依托统一绩效指标体系,WPI 制度在很大程度上实现了横向比较。

就像第一阶段强调各地方当局在整体机构开展的分析中借助的是威尔士地方政府协会等研究对标工具,而且在提高计划中对比其他地方当局的绩效情况,并与自身上年度的最终绩效进行比较。第二阶段开展的横向比较更为明确,扩充了威尔士核心指标库,各地政府据此收集数据上传到既定数据中心汇总,从而实现威尔士地方绩效评估和标杆管理。在2009年的时候,《威尔士地方政府测量》这个法案规定,各地方政府的绩效评估结果不仅必须与上一年度比较,也应当与威尔士其他地方政府和公共机构比较。到了2015年颁行的《测量社会服务绩效实践准则》专门指向公众社会服务满意度调查,列举详细的打分细则,强调对各地的服务绩效开展比较,实现标杆管理现代化。

2.苏格兰地方政府绩效评估实践

第一,苏格兰地方政府的绩效框架和指标主体。一般来说,苏格兰地区的绩效框架以及指标主体都为地区层,不过绩效制度框架实际与指标相分离。例如,"最佳价值审计"框架只是针对机构绩效,由苏格兰相关的有权组织代表组成一个"最佳价值工作组"。但是,第二轮审计前,为了昭示伙伴关系,地方责任委员会对框架予以调整、完善。不过,最佳价值框架下原来的法定绩效指标只是针对服务绩效,其发端于2001年,主要是责任委员会依凭1992年《地方政府法案》制定的,属于地方政府绩效信息公开的一部分。但是,随着实践发展,原来的法定绩效指标与设置的"最佳价值审计"框架逐渐融合,指标更显现弹性,数量不断降低。2012年开始实施"地方政府对标框架",原来的法定绩效指标仅剩三个内容。这个"地方政府对标框架"也是针对服务绩效。当然,苏格兰国民绩效框架确是由苏格兰政府制定,学习了美国弗吉尼亚州开展的结果导向绩效模型,并且从目标、绩效指标、最终结果三个维度评估地方的绩效和幸福度。因为国家战略和项目的改变,框架中的绩效指标体系和国家绩效结果也不断改变。

第二,苏格兰地方政府绩效评估与管理:叙述报告与标杆管理。实践中,苏格兰地区评估部门具有很强影响力,其与地方政府部门有紧密合作关系,所有首席执行官共商战略议题,相信能够在合作中提高绩效。因此在绩效管理中,也是同威尔士一样,苏格兰并未采取"自上而下"的方式,仍然注重各级政府间的相互合作,尊重地方政府的自身情境,经由叙述性报告展示具体机构绩效结果情况。

当然,其中的服务绩效也并未总体排名。其在第一轮最佳价值评估中,主要通过原来法定绩效指标达成地方当局横向比较。一方面是根据各地绩效调整比率(如:绩效提高指标的数量/绩效降低指标的数量)形成分类和最终排名;不过另一方面在每个具体指标上实现排名,同时在报告中重点分析高于前列 8 名和低于后列 25 名的指标。另外,在第二、三轮最佳价值评估中,横向比较经由"地方政府对标框架"达成,仅在每个具体指标上对各地排名,特别是该框架更加强调各个机构的相似性,目的是衡量相似机构在开支和绩效方面的差异,以期辨别各自的优势和不足;也特别强调指标可控性,强调不受机构控制的指标均属无效。

3. 威尔士和苏格兰地方政府绩效评估实践介析

绩效考评的目的是要获取绩效信息,达成绩效反馈,从而作用于组织和个人的行为。需要注意的是,绩效差距信息对践行管理决策有重要参考功能,会影响组织创新、长远目标设定、决策者注意力的合理分配和资源配置等。其中,绩效差距分为历史和现实社会绩效差距两类,不过历史差距关注组织目前和过往绩效差异,即一种纵向比较;现实社会差距关注组织和其他同类组织的绩效对比,也就是一种横向比较。总体分析,威尔士和苏格兰做的是叙述报告,且都实现了不同层面的横向比较。当然,威尔士和苏格兰尽管分别采用自我评估、单位外部评估,但二者均是在叙述性报告的基础上融进针对服务绩效的标杆管理,达成了在具体单个指标方面的横向比较目标。

采用标准化的统一排名模式与更加关注地方现实情境的叙述性报告实际上各有优劣。虽然统一的外部评估框架和具体量化打分更为直观,不过易于忽视地方的个体情景和具体事项,过度凭借指标及权重设计的科学性,反而不利于推动公众对服务的理解。这不仅导致了地方当局只关注评分,不争取为更高的绩效努力,特别是有时为保证分数实施了实际有损服务质量的行为,另外有些在某方面属于标杆的机构却被评成了"一般"或"较差"。同时,有些服务并不完全被地方政府机构控制,反而受到政治影响,但权重却偏高于普通情况,不利于绩效评估公平公正的开展。

与之对应,叙述性报告或自我评估可以更好地考虑地方情境,更有利于发挥地方政府的自主性和主动性,不过在标准化和横向比较层级上有所欠缺。就像,苏格兰最开始的政府绩效管理制度遭到批判,因为强调自我评估,并未公布机构分数,只是出台叙述性报告,造成和最初的威尔士一样,政府首脑和公众不能明辨机构的实际绩效高低。另外,地方政府开展的绩效管理目的都是增强服务质量和机构能力,因此同一机构不同时间开展的纵向比较更为根本。其中威尔士和苏格兰两个地方在纵向比较方面都比较好,威尔士的提高计划以及苏格兰的标杆管理,均是重视展示历史绩效差距情况的。

有学者指出,绩效评估结果应该投入到指导资源配置方面,在社会实践中很多国家也意欲将绩效和预算管理合并。我们分析英国地方政府绩效评估的经验发现,实际上地方政府绩效管理的关键是围绕公共服务供给,可以评估资金使用是否作用最大化,但并未影响资源分配,只是把最终考评结果当作其上级政府进一步督导和介入的依据,目的就是要帮助地方政府提高自己的管理水平。

当然,苏格兰和威尔士仅依凭考评结果分析如何逐渐提高机构能力,不过针对绩效很差的地方政府,地方政府实际上都可以介入。其中,威尔士的绩效风险评估结果会影响增强计划的内容,在那些高风险领域会直接被考虑进优先提高事项。不过,苏格兰在开始绩效风险评估后,会依凭风险评估结果决定一个最佳价值检查的领域以备所需。

4. 英国地方政府绩效评估实践对我国基层政府绩效评估的借鉴价值

综上,结合我国国情,我国在开展地方政府绩效管理制度的思考、制定时,需要对以下诸多要素进行权衡:评估责任主体与评估实施主体;绩效框架体系与绩效指标制定主体;是否区分服务绩效、地方政府机构绩效和资金使用绩效;是否采用机构自评;如何更好地实现横向比较。

当然,英国实践也昭显了基层政府绩效管理可能出现的一些共性问题,就像评估负担过重、全面共享信息困难、缺乏追踪绩效改进情况、既定指标或权重设置不合理、只是关注指标而非社区强调的议题等。此外,因为地方政府实施了不同的制度和指标,基本上无法实现不同地方之间的横向比较,所以难以衡量哪种制度效果更好。不过上述所有绩效评估制度设计的出发点、内部逻辑、遇到的问题、科学解决办法、发展趋势等都在为我国绩效制度设计输出着有益的启示。当然,对英国经验的分析并非为了照抄照搬,需要立足我国国情,科学判断什么制度要素能够借鉴、什么应该舍弃。结合长远发展来说,我们有四点予以总结、提升:一是,地方政府绩效管理必须坚持差异性与系统性的统一;二是,地方政府绩效管理制度架构要顺应改革方向;三是,地方政府绩效管理制度必须根据环境变化和改革进展予以动态调整;四是,绩效管理目的是要推动公共服务改善,实现交流学习、共同提升。

6.3.2 瑞士地方政府的绩效合同

通过所实现的效果和结果为公共服务和监控机构设定目标已经成为国际上新公共管理改革的重要话题。绩效评估和以成果为导向结合资源使用方面灵活性的不断提高,已经成为20世纪90年代以来瑞士地方政府现代化改革的基石。执行这些监控机制的工具和过程已经成为概念改革模式和各级地方政府执行改革的核心。执行的关键工具是绩效合同。在最近几年中,许多国家及其地方政府都引进了绩效合同,目的是提高以成果为导向的工作业绩。对组织绩效和管理改进以及改革战略和工具好处的期望也很多,应该说,绩效合同是瑞士地方政府保留以相关控制信息的成果为导向的核心工具。

瑞士于20世纪90年代早期和中期开始实行新公共管理政策,开始了以成果为导向的公共管理改革。因此,成果的导向和焦点一直是改革的核心目标。即使是各级地方政府运用的是同样的概念性改革模式,联邦制也会允许每一个地方政府根据自身的层级和背景相应地特制出符合自己实际的改革工具。所以,即便是在同一个改革理念指导下,瑞士各地在改革方式和手段的运用以及设计上也存在差异。总体上看,瑞士地方政府模式的基本部分是以结果为导向的绩效合同外加绩效预算制,同时还包括重视管理信息系统,客户导向和质量改进。在借鉴国际经验的基础上,瑞士改革的过程中不断出现各种新的话题,比如组织实体不断增加的自主性,自由裁量权和权力向较低层级的委派,最重要的是赋予组织实体相当大的管理责任。

如绩效评估的其他模式一样,瑞士地方政府的绩效管理模式也是基于一个简单化生产过程的假设。投入用于生产以创造产出,产出导向有时被描述成对公共服务产生影响的成果、结果或相应的影响力。成果式控制机制要执行的第一个阶段是确认并定义这一生产过程的目标。但目标任务不应该重点放在投入、过程和产出,而是效果和结果。为了达到控制的目的,必须对目标进行测量、评估。为此,就必须定义指标,给出目标实现的相关信息。通过成果和结果而不是投入和活动,来跟踪整个绩效和服务的过程。

根据 WOV 改革模式,关注绩效的控制变化应该同时减少对投入的控制,增加机构的运行自主权,特别是财政和资源的灵活性。条状项目化预算应该符合综合预算的方式。作为综合预算,服务性资源(投入)会作为总量分配给各个产品组,同时省略了对资源的详细说明。于是,资源控制的能力转给了资源提供者,由自愿提供者为目标实现承担责任。综合预算可能被定义为总额预算,或可以包含一个变量的成分,但预算要根据产出的水平进行调整。这样,组织在有限的综合预算限额下,既能够灵活使用和分配资源,同时还能够结合绩效指标保证控制。绩效评估与综合预算的结合被看作是预防规范不足或规范过度的先决条件。与此同时,还应该给管理者和员工提供一种激励机制,以促进资源提供者层面的绩效管理。

成果导向需要使用大量的工具,诸如中等范围的计划、绩效合同、报告、预算或基准设定。而最重要也是最核心的工具则是层级结构中不同层级所签订的绩效合同。绩效合同以产出和成果的形式规定了预期绩效,包括相关的指标和与产出和结果相对应的资源数量。这些合同在服务提供者层面上签订,被视为标准和机制监控方面的协议。作为地方政府改革中的核心控制工具,合同中包含了地方政府以成果为导向的监控信息和资源使用的情况信息。

执行以结果为导向的控制是一个复杂的发展过程。传统上,地方政府没有明确写下来的成果目标。通常的做法都是先定义产品并收集有关产出数量、成本和质量方面的信息,然后才开始根据产出或产品组定义目标与任务,最后才是指标确定。总之,瑞士的改革进程采取的是先试点后稳步推进的方式。以成果为导向的绩效评估不仅仅用在内部机构的服务过程,还应用到外部服务组织,如非营利组织、私人组织或其他为地方政府提供公共服务的公共组织。

美国的《地方政府绩效与结果法案》强调地方政府机构成果目标的定义,英国的地方政府现代化改革战略也很重视结果和成果目标的定义。国际改革评价与报告认为,定义成果目标和指标仍然是许多地方政府面临的挑战。定义成果与产出的目标和指标其实是一件复杂的工作。尽管开发出许多改良的方法,也取得了一定的进步,但在实践中仍然很难定义和采集成果导向的绩效信息。技术原因是缺乏实际技能,或者尚不知晓的偶然性误导。政治原因是导致目标或指标动摆决策的战术或政治。成本原因是绩效指标的测评过于昂贵,不切实际。在操作实际中,技术原因影响更大。上述问题导致绩效系统提供的绩效信息微不足道或缺乏完整性,给目标确定带来了相当大的难度。

而绩效预算的理论与实际相对脱节,并没有在地方政府内广泛使用。

因为整个预算周期所需要的大量工具和要求，如成本会计、评估和战略计划等，还没有开发出来，这也妨碍了绩效预算的全面执行。加上绩效信息和控制赤字，导致管理者既不愿意放权，也不会充分负责。

在分析瑞士地方政府结果导向控制的实践战略中，总结出三种类型：

一是，结果导向的程序控制。传统的官僚控制，但附加合同和一些以绩效为导向的数据（大部分是有关投入、过程和部分产出的信息）。

二是，结果导向的管理控制。注重结果定义和控制过程中的管理作用，但忽视政治家和公民的作用。

三是，强烈的过程导向，并结合质量管理。

这些战略在信息与控制系统的质量和设计方面拥有不同的要求。选择结果导向的程序控制类型经常会结合控制机制的优势，如果产出导向添加投入导向，那么就会假定有更多控制的可能。在结果导向的控制下，不完整的绩效评估信息会导致下行周期。如果给组织下派的绩效定义不明确，就会在控制和提供方之间产生更大的距离，使控制更加困难。于是就会无意识地过分夸大财政因素。而在缺乏控制的情况下，用持续的投入和程序控制来弥补，地方政府就会陷于两难境地。明确的绩效评估及其必要的可信度就会降低，结果导向也不会随着各种到位的控制结构进一步发展。显然，在执行结果导向的控制和绩效合同中，还存在许多障碍。

在绩效合同中的绩效控制设计方面，有以下四种类型的绩效规范：

一是，通用目标。绩效协议的第一目标是提供任务和义务，不详细说明服务和产出目标。目标也只是在一个非常抽象的水平上描述，不对通用目标排序。

二是，产品。通用目标宣布后，合同的很大篇幅是罗列所要提供的产品和服务，但不会详细说明产品或产品组的目标。这样，产品目录就会被理解成通用目标的实质，即说明为了实现通用目标而需要提供的服务和活动。

三是，结果目标。这一类包含了实际的结果和产出/成果相关的目标，但没有确定评估。为了准确，合同中会列出每个产品或产品组的追求目标。出于分类的目的，会有明显的区分。只考虑"物质目标"，这样合同就会包含具体的目标。

四是，目标和指标。绩效合同明确说明服务提供的目标，即所谓指标。绩效合同中，不是所有的目标都必须包含指标，但必须对所有指标给出明确的定义。

在成果导向的绩效评估和控制系统中,目标和指标应该定义在成果水平上。当然,在成果之外,投入、过程特别是产出手段也必须进行效率评估。为了获得对目标的实际评估,按照测评的绩效水平(使用投入、过程、产出还是成果指标)来分析带有各种指标的绩效合同,只有相当少部分的绩效合同具有成果导向,也就是说,绝大部分的绩效管理系统还没有进行成果导向的绩效评估。成果指标应该很活跃并适用于控制目的,因此应该符合一定标准,如有效性、及时性、评估提供者能施加影响。许多指标实际上是满意度测评手段或公平和合法性测评,往往在使用一个成果指标的时候,会产生出几个定性问题。首先,满意度或合法性是否涵盖了完成服务所要实现的所有目标。其次,只是关注满意度目标就有忽视其他公共利益和目标的危险。最后,如何计算满意度并没有规范标准和明确规定,这可能对结果产生影响,会产生更多的定性问题。

根据预算中的自治和灵活程度,可以区分出以下三种类型的财政控制。

一是,投入导向归因。只是根据投入来进行传统的条款式预算或服务拨款。资源不依赖产出或成果划拨。

二是,综合归因。根据服务划拨资金总额。资金数量是固定的,希望在固定的财政框架下提供一定的服务。包括服务组融资规范的综合预算,固定总量或最大限度地赤字担保。

三是,变量归因。资金划拨以所提供的产品或活动为导向,并根据产出数量而变化。可以是固定资金总额和一个变量部分共同组成。

由于以产出为导向的财政拨款应该靠绩效控制来补充,所以就产生了控制能力的问题。为了在绩效合同中将绩效与财政控制相结合,就必须分析财政资源的不同归因制度。

概念模式认为,综合归因需与结果水平上的定义和指标相结合,变量归因多少相同,只是产出手段要确定出变量成分。综合归因常常会与目标定义和指标定义相结合。而指标质量和水平的结果表明,要小心对待各种数字,因为在变量融资模式中往往很少能找到可测量的目标定义。这就导致了产出融资而不是产出计划。

以投入为主的资金划拨重视开支和过程的控制,所以,客观说明和绩效测评不在考虑范围,以投入为主的融资与通用目标定义相结合很大程度上适用于传统的以投入为主的控制机制。1/3 以上的绩效合同属于这一控制类型。另外,投入归因的绩效合同会与更为详细的绩效信息相结合,大部分罗列的是各种产品。而产品列举没有控制功能,只是服务的有关说明。

在许多绩效合同的分析中发现,以成果为导向的控制体系会造成规范过度或规范不力的后果。如果只是放松投入控制而没有可控制的绩效规范,就会造成规范不力,而不放松投入控制的同时增加绩效控制,就会容易产生过度规范。如何正确地把握尺度,是绩效合同成功实施的关键。

对此有学者指出,成果测评是瑞士地方政府公共管理改革的致命弱点。成果型公共管理的控制有赖于对成果的定义和评估。但如今,许多绩效合同中使用的控制信息都还没有达到这个要求,在许多改革项目和研究中都谈到了成果定义和评估的问题与困境,由于与成果相关的绩效信息不足,瑞士地方政府在政治层面上会很难再在其他政策领域广泛应用新的控制模式,这会使瑞士地方政府的公共行政改革停滞不前。

从结果导向的质量上看,服务供应控制方面的绩效得到加强,大部分绩效协议中都强调服务供应的成果和产出,被认为是过去10至15年的重大发展变化。但对成果控制的要求经常会超出绩效合同所列信息的类型和质量。无法评估或权衡的产品清单与通用目标都不足以实施成果导向的控制。就整个OECD国家而言,绩效管理也没有系统包含成果信息。

瑞士一些地方政府实施的结果导向控制机制是伴随着权力下放进行的,更多的是在项目驱动的组织或分权化服务供应过程中使用"结果导向的程序控制"。所以,绩效合同只有在开发出相应的绩效控制工具之后才能有效执行。此外,地方政府在成果定义和评估的过程中还面临技术和政治方面的问题,执行起来更加复杂,在实践中,地方政府经常会感到绩效指标不恰当、不可信、不及时也不好用。到目前为止,指标定义方面的创意度很低,主要靠公民满意度和法律手段作为成果测评的手段。也有学者认为,成果可以通过不同的指标体现,如满意度成果、公平成果、直接成果或实际成果。也有学者认为,简单的成果归因模式应该随着时间的推移而不断完善。瑞士地方政府在标杆设定项目上的成功经验,对绩效管理和评估也提供了许多有用的信息和见地。

作为执行的核心工具,瑞士地方政府的绩效合同为提供公共服务设定目标的同时,也不断增加着资源使用的灵活性,是绩效规范以及绩效与财政监控的结合体。但分析结果表明,瑞士地方政府使用的许多绩效合同并没有完成改革计划所赋予的任务。特别是,合同的绩效部分常常无法满足理论要求,无法规范有效绩效监控所需要的绩效水平。可能是概念模式还存在某些空白,或仍然处于执行的发展阶段,执行战略也只是在适应或部分地切合改革计划。如果只是简单地添加而不是有针对性地将绩效管理整合进监控系统,绩效管理就可能会产生消极影响。

6.3.3 美国地方政府的绩效改良与公民参与

21世纪以来,世界各国政府不断采用绩效管理技术。澳大利亚、加拿大、美国、新西兰等国家都在推行绩效管理并将绩效评估数据用作增加政府透明度和提高政府工作效率的方式。受此影响,在美国的地方政府层面上也是如此,政府会计标准委员会("鼓励"但还没有立法)要求政府每年报告所有项目、服务和主要活动以及单位成本(每产出的成本和每一成果的成本)的服务过程与完成情况,包括效率(产出)、质量和效力(成果)的数据。除了报告服务及完成情况外,许多地方政府还在每年的预算文件和年度报告中公布绩效信息和单位成本。

政府会计标准委员会将产出定义为"服务数量"的手段,将质量定义为提供符合一定质量要求的服务数量,将成果定义为由于提供服务而产生的结果、成绩或影响。由于政府会计标准委员会是一个为地方政府建立通用公计原则的组织,所以,它提出的服务与完成情况的报告制度不仅对于绩效评估和绩效管理具有重要的影响,对绩效预算影响也很大。

1. 绩效改良

各级地方政府不断将绩效评估数据用于预算编制过程,从2004年起还将绩效评估数据包含进联邦财政年度预算中,并为至少20%的地方项目提供效能评级。尽管实施的范围和程度各有不同,但各级地方政府的总体趋势是在政府公布的预算中更多使用绩效评估数据,更加重视成果绩效和绩效改良。

几十年来,竞选和政治任命的官员都认为,绩效改良很有必要,也存在可能性,但提出的战略莫过于简单化的"减肥""减少政府的财政资源""采用私营部门的效率手段"等,均不能反映政府绩效改良的真实情况。实际上,政府需要根据完善的绩效评估理论制定精细的绩效改良战略,另外,大部分的创新性和生产性部门都不是简单地执行某一个好计划,而是执行整合各种先进管理技术以提高生产率的综合方案。富于成效的政府机构强调运用多种手段:内部能力、所产生的产出和所达到的效果,利用绩效测评和评估建立各种目标并测评各种结果,估算和合理说明资源要求,重新配置资源,开发组织改进战略,鼓励员工改进绩效。

绩效测评一直是政府重要的改良战略,但是,各机构一直未建立能够涵盖公民、商人、立法者、各利益群体等大量利益相关人需求和进步的测评能力。绩效测评总是对产出和成果问题含混不清。而回答计划是否能产生所承诺的结果非常重要,能够提供影响配置或重新配置公共部门资源并设定或改变优先序列决定的各种反馈。由地方机构领导、公共管理者和立法者做出决策,再通过公民、公共利益倡导组织、私人商业组织以及竞选或媒体机构所产生的反馈"从外部"影响决定。而不论是内在还是外在影响因素,在稀有公共资源的配置方面,经常会根据绩效和效能的评估,而不是主观和"软性"判断。

客观绩效测评能够提供一种开发和代表"硬性"数据的机会,能够有助于将决策基础从个人经验转变为测评结果。产出、成果和相关成本效益比率水平及其发展趋势的数据有助于维护、扩大或改进计划。

高绩效的组织监控"内部"服务的生产,为客户提供的"外部"服务的效率效力生产做出贡献,这种内部服务包括产出生产的必要条件,如维护、培训和审计。

针对所提供的服务,可以以数量和质量等要素的形式测评其产出。产出测评会提出以下诸类问题:服务的客户数目是多少?给予了多少单元的服务?所提供的服务是否达到了相当的标准?失误率具体如何?

产出是一个狭隘的形式,限制了生产力的改进。如果管理者在进行资源配置和重新配置的时候想作出更好的决策,就不仅需要产出测评,还需要成果测评,比如是否改进了客户的生活质量?是否有能力保持就业?

因此,一个富有生产力的机构一定要在三个阶段——内部服务、外部服务和成果——监控并改进生产率,并且要就这些手段与民众进行明确而真实的交流。幸运的是,这些工具是现成的。绩效测评有效地开发出了一系列有助于公共组织更好决策的工具。负责日常工作的管理者现在能获得有助于他们有效率地执行公共政策的各种信息。研究表明,公共服务的测评在概念上已经相当完善和可行。绩效测评项目要求实际的专业知识和仔细的计划设计。成功者都要回答以下商人和其他利益相关人提出的问题。

关于项目绩效:服务到底提供了多少?资源有效利用的程度有多少?服务提供的效率怎样?

为了测评服务的效力,好的测评计划提供回答下列问题的各种指标:服务的目的是什么?预期影响是什么?服务在防患于未然方面做得怎样?服务充分吗?好接受吗?客户满意吗?服务是公平分配吗?产品持久耐用吗?提供给客户的服务多大程度上体现了尊严?

在设计绩效手段的时候,一定要考虑被测评的服务:服务有意义吗?被评估的问题适当吗?服务真的有效吗?是否以一种及时又相对直接的方式提供?另外,还必须检查绩效手段本身:绩效是否可以最大化?绩效手段是否有效?是否可接受?绩效是否作为整体测评的结果?测评手段是否准确和可靠?

此外,绩效手段还应该有助于改善决策。公共管理者和政策制定者利用绩效测评工具帮助其履行服务责任并改善服务质量。这些工具至少包含8个不同的战略:建立目标和测评结果;估算和适当说明资源要求;重新配置资源;开发组织改进战略;促使员工改善绩效;控制运行过程;预见工作超量或不够量的区间;开发更精细的测评能力。

其中,前四项对在公司利益相关人中间建立地方政府公信力尤其重要,在建立目标和测评结果中,如果地方政府想在私人部门、纳税人和竞造者中获得可信度,地方政府项目就必须承担责任。但如果项目目标模糊不清,公众就会极不满意地方政府的工作,也得不到地方政府工作的进展信息。最好的公共项目商业化运作会详细说明目标,目标作为计划的任务将结果与计划挂钩,这样比较容易催化责任性。在估算和适当说明要求的目标下,就必须改变基于过去开支"估算"未来需求的传统做法,更加系统而定量地完成财政计划,因为支出的正当性说明能够更加精确、更加客观也更加实际地测评产品。在预算和重新配置资源的目标下,测评有助于做出更有效力的资源配置决策。可以通过开发并评估成本效益关系节省实际开支总额,有助于通过低成本方法减少费用。在开发组织改进战略的目标下,测评有助于将各种问题集中起来。一旦明确,就可以一种更为系统的方式解决问题,比如克服障碍、目标性服务、为预期问题做计划等。简而言之,测评有助于避免失望和预料之外的情况。通过整合先进的管理技术,在最佳的情况下,通过生产力改进制度化,这样的项目可以系统地提高绩效。

而在全面绩效改良计划中,绩效测评、质量管理、人力资源开发和技术适应等指标也非常重要。在绩效测评中,大部分成功的机构都是使用事先列好的各种技术,使测评由主观和个人手段转向客观和实证手段。为了让生产率最大化,机构还应该利用内部能力、产出(服务)和成果(影响力)的多元手段建立目标,测评结果。测评工具可以让机构有效估算并正当说明资源要求,在适当的时候,还能够重新配置资源。机构还能够让员工参与评估以激励他们改进自身的绩效。在质量管理中,要求最高管理层的支持、员工的授权和团队工作。员工必须接受充分培训并认可他们的贡献。质量管理要求以顾客为中心,重视长期的战略计划,承诺测评、分析和质量保证。在人力资源开发中,质量管理者必须雇用最好最聪明的人,让他们接受系统培训并不断给他们提供帮助。好的管理者承认多元化价值,通过组织内建立团队的方式提供服务,懂得平衡员工需求和组织需求的重要性。在技术适应方面,为了改善生产率、创新和绩效,机构应该寻找适当的机会建立伙伴关系。与其他公共部门组织、私人部门成员、非营利组织、公民和志愿者合作将有助于机构不断改善绩效。

总之,大部分创新和富有生产力的机构都会通过确认、执行、测评和奖励重要的成本节约和绩效改进手段使生产率和绩效改良制度化。他们会在整个地域范围内的同行中找出标杆,以客户为导向。最重要的是,富有成效的项目会依赖公务员的奉献精神、想象力、团队合作和勤奋上进。

2. 公民参与公民驱动的政府绩效

绩效改良的系统理论很有必要,但还没有达到21世纪利益相关人的期望。地方政府绩效评估的下一步是通过公民、商界、媒体和利益集团来强化整体的绩效改良制度。有两个方面可以驱动这一发展:绩效评估项目和绩效报告标准。

第一,绩效评估项目方面。阿尔弗雷德·P.斯隆(Alpred P. Sloan)基金会开发了《市政府项目绩效评估》,鼓励创立并全面实施市政府绩效测评,客观地评价对人民、商界、立法和其他利益集团来说很重要的成果。项目的计划重视公民的参与,以保证所测评的内容是公民最关心的服务。同时,还保证测评的数据不会被那些喜欢报好事瞒坏事的官员们所贪污。项目战略分为两部分:所选市政府的现有项目和促进公民绩效实施的其他项目,公民可以以许多方式参与这些项目,特别是,鼓励建立一些网页,让公民能够直接参与绩效评估。基金会选取了新泽西州、俄亥俄州、纽约州、爱荷华州、得克萨斯州和俄勒冈州进行了实证比较。

1997年,基金会在新泽西州开展了为期三年的公民驱动的政府绩效项目。通过召集各种非正式的会议,与公民、公民小组、竞选官员和市政府管理人员一起探讨两个问题:其一,公民、市政府管理人员和竞选官员如何沟通与互动?其二,公民、市政府管理人员和竞选官员如何确定政府正在提供的服务是正确而有效的?项目的总体目标是让利益相关人参与政府绩效评估与改进过程,并影响政府回应社区需要的过程。为了支持目标,项目采取让公民积极参与确认绩效问题的手段,支持在公共决策过程中使用绩效指标,在公民、地方政府和大学之间建立合作关系,鼓励参与的公民、竞选官员和政府行政人员互相学习,并从全国的类似经验中学习,开发长期支持公民参与的制度。基金会发动了尽可能多的人参与确认公民最为关心的服务领域和社区条件,并开发出了测评绩效的途径。然后与公民建立工作团队、确认期望目标,并帮助公民和政府管理人员将绩效问题和指标与期望目标和政府的项目预算目标相结合。该项目显示了公民有效确认绩效问题并选择绩效指标的能力,公民参与产生了14个重要议题,并根据议题确认出60个绩效测评指标。最后由公民设计并实施了第一次公民满意度调查。"调查委员会"的公民以及参加开幕大会的其他公民共同设计了与市政府服务和期望目标相关的调查问题,由基金会与该委员会共同筛选出有效的问题后,实施了一场由志愿者驱动的全社区调查。最终,项目建立了"绩效测评公民咨询委员会"。委员会的任务就是将这一过程制度化,并保证绩效测评和公民参与,这是政府的最重要工作。

2001年,基金会在爱荷华州开展了一个为期三年的公民发动的绩效评估项目。与传统做法不同,这次评估重视公民、竞选官员和管理者之间的合作,在开发绩效手段上保证政治可信度和手段可接受度;重视公民在绩效评估中的观点,而不是经常强调投入和成本效益的管理者的观点;重视绩效评估结果的公开传播,以保证政府工作的责任性。

项目第一年,每个参与城市成立一个"公民绩效团队",团队的主体是来自不同领域的公民。有些城市采用报纸声明、城市新闻和团路电视节目公开招募公民,许多城市从其他公民委员会和社区组织中招募公民。除了公民之外,每一个绩效团队还有1~2名政府雇员代表和市政厅成员。每次会议,绩效团队都会收到政府运行的简单评价报告。有些城市要求公民制定战略以根据城市的人口招募额外的成员,由团队选出1~2项公共服务进行绩效评估,通常是具有财政意义、直接影响公民利益和公民最为关切的服务。项目涉及警察、消防、紧急医疗服务、图书馆、康复中心、街道维修、扫雪、公共交通、垃圾管理、危害控制、公园和休闲服务。项目的第一阶段,公民绩效团队确认所选公共服务的"关键环节",据其制定评估手段,实施评估。在评估标准中,关键是采用对公民有用且易于理解的评估手段。项目第二阶段,政府部门制定必要的工具如公民调查,收集绩效信息。同时,由公民帮助收集绩效数据,向市政厅报告项目进展情况,开发鼓励普通公民更广泛参与项目的战略。项目第三阶段,把绩效评估结果汇报给绩效团队、市政厅和广大老百姓。政府部门会把绩效最终结果用于战略计划、绩效预算和服务运行的活动型管理。

该项目得出的经验表明:基金会帮助官员重视成果测评和公民关系的问题,会进一步提高公共责任性和公共服务的结果导向。项目显示了公共沟通的重要性。管理者应该进行绩效评估比较,因为许多公民想知道自己政府的工作比别人好在哪里。许多绩效评估会在街道层面进行报告,从而能够增强其服务的针对性。而且,绩效评估的公开报告十分重要,政府应该考虑尝试互联网等智能技术以减少成本。

在纽约州的实践,代表了公民影响地方政府责任性、可接近性和绩效的一种尝试。通过纽约州公共利益研究小组,基金会于20世纪90年代初,斥资发起了一次"深入评价换乘服务质量的新举措"。第一份报告于1997年公布,用6个评价指标评估了纽约市20条主要地铁线路,包括时刻表服务数量,最拥堵时段乘客落座的机会,车厢的清洁程度,广播的充足性。另一份21页的报告描述了公共汽车系统的现状。两份报告都代表了由非政府组织完成的有关主要公共交通系统绩效的最全面评价。项目实现了两个目标:为今后的地铁服务比较奠定了坚实的基础;向乘客、社区和官员提供了向换乘当局施压要求更好服务的信息。总之,乘客就是希望等车时间少,享有定期可靠的服务,有落座的机会,整洁的车厢和清晰的播音。项目已经基本上做到了向公众提供"实时"信息,也建立了一个与公民互动的网页。

在俄亥俄州,公民参与的长期项目获得了两个突出的目标:筛选出了生活质量指标,保证了指标的最初生产,实现了政府计划部门年度出版的制度化。项目提供了一系列公民参与改革过程与开发的指标,以评估公民参与在人民生活和政府工作中的深入程度。项目重在生活质量标准的开发、生产和制度化,包括经济发展,社区发展;青年、教育及人力服务,开放空间与生活质量,繁华闹市区服务;城市服务。

但是,公民驱动的战略计划与绩效评估相结合的真正的长期利益是保证不断强化公民参与的各种组织。在战略计划背景下,结合具体的时间表和阶段性评估可以观察工作进度,改善保留和录用编外公民的机会。当然,这一过程首先要得到3个关键群体的支持和承诺:政府的合作承诺,社区中拥有某些权限的公民团体的支持,两个不同技能系列的学术支持(参与公共磋商服务的设计与催化;参与精细数据控制和地理信息系统化的能力)。

基金会的另一个实验是公民满意度调查的启动和快速发展,特别是公民满意度调查在市政府一级已经普通流行,因为许多政府希望测量公民对政府服务的预期和满意度。该调查通过电话或在线的方式收集了美国多个政府单位的不同观点。

费城的年度公民满意度调查要求公民评估政府的全面绩效及其主要公共服务,包括警察、消防、垃圾清理、公园和休闲、自由的图书馆服务。

1999年Winston-Salem公民满意度调查是公民效率评审委员会对政府服务效率进行客观评价的目标任务,以便提出问题后让政府在未来的工作中予以改进。

2001年威廉王子县公民满意度调查是年度调查系列的第九次,所提出的评估问题相对较少,但大约一半的问题是"核心"问题,每年都必须进行。

Chandler满意度调查的方式是,每年两次(2月和8月)通过政府设施使用费用清单向居民发放调查卡片。居民有机会让政府了解自己对公共服务的看法。

第二,绩效报告标准方面。美国政府会计标准委员会为州和地方政府绩效报告列出了五条发展要求:开发并改善决策绩效的手段;将这些手段向公众和其他用户开放;开发州与地方政府沟通绩效手段的方式;教导用户如何利用绩效手段评估服务工作、成本和政府成就;保证绩效手段的针对性、全面性、可理解性、及时性和可信性。

得克萨斯州政府是有效利用绩效手段制度化的模范政府。绩效手段在该州已经使用了20多年,大部分显著的改进都已成为立法的要求。1991年开始,要求在印刷出版的预算中包括绩效手段,在预算分配过程中真正使用绩效手段。最近在政府行政中又有了新的变革,要在政府中全面推进绩效手段制度化。在过去10年中,州政府在开发有效沟通项目和部门的绩效手段过程中,采用的是合作性的跨部门工作。审计署在培训人员和认证绩效手段可靠性方面也起了关键的作用。当然,在开发和报告绩效手段的过程中,也出现了一些公民和公民群体的参与活动。许多政府机构都开始准备共享部分绩效信息。教育机构在报纸上公布了考试分数,司法部也通过报告的形式向其政策理事会提供部分信息。预算是政府出版或报告绩效信息的最广泛形式,但这种绩效沟通还仅限于政府间进行。

得克萨斯州在战略计划与决策时使用绩效手段确认预期的成果,重视实现这些成果,并确认何时需要、需要什么样的战略来改进项目。首先,成功的关键有赖于领导作用,政府部门之间的合作,政府之间的沟通以及培训。不论是行政还是立法机构,领导都很关注并积极倡导部门使用绩效手段。政府部门之间的合作使政府有能力关注成果。而这种合作往往表现在行政和立法预算办公室以及立法、州长和政府职员之间的参与。审计办公室也会与行政和立法预算办公室及机构合作,以通过绩效审计来改善已经建立起来的测评手段。其次,在开发和使用绩效手段的过程中,沟通的重要性被认为是成功的关键。绩效手段虽然有助于与政府建立沟通,但必须列出沟通的优先序列,否则也不可能制定出改善政府工作的、有意义的绩效手段。沟通也是领导能力的一部分,远见、目标和目的方面的沟通往往来自政府的高层,这种沟通必须目标明确。最后,得克萨斯州在培训方面投入很大,采用外部咨询师来研究其他政府和组织的第一手材料,由审计办公室、立法预算办公室和预算与计划办公室开展政府的内部培训,并承诺持续培训,这被视为制度不断取得成功的关键。

俄勒冈州以它的绩效评估标杆制度而闻名,这一制度由各种不同的社会属性指标系列组成。根据公民和商界福祉的重要性来确认指标的优先序列。这些标杆来自20世纪80年代的俄勒冈亮点活动。虽然由于这些标杆过于广泛,也没有更好地考虑政府的项目和责任,使随后政府内部利用标杆指导项目并监控预期结果完成进度的过程相当长,但俄勒冈案例却提供了一个将政府服务目标与涉及全社会的更广泛问题和观点相联系的成功经验。

开发俄勒冈标杆时使用了来自公民和商界的大量投入,而且公民和商界还会继续参与俄勒冈进步委员会的工作。从最初被用作改善经济为主的广泛的目标开始,俄勒冈亮点活动经过修改,已经逐渐转变成更加具有针对性的手段和目标,有时还相当富有创意地将这些手段和目标与地方政府和机构的服务与项目相联系。许多部门的预算编制目前也包含了各种绩效手段。同时,俄勒冈项目还认为,在政府绩效管理与评估中需要协调各部门之间的活动,在社区层面上成立了解困小组,负责跨部门协调社区的发展问题。进步委员会还积极开发并使用重在绩效手段和标杆设定的具体绩效管理与评估制度,构成了绩效评估工作组,承担协调跨部门绩效手段的具体开发与利用工作。

6.3.4 关于日本地方政府的绩效评估实施与公众参与

1. 日本地方政府绩效评估实施中公众参与的必要性分析

实际上,关于深化政府绩效评估方面的管理理念和制度的实践,在日本是发端于地方政府。这个绩效评估实践是在地方分权改革运动不断深入的实践基础上开展的,正因为分权后的地方怎样实现有效治理成为重要政治课题,造成人们对政策议题的注意、公众参与的诉求以及治理主体意识等变得逐渐强烈。在宏观行政环境不断变动的条件下,具有相应的监督、约束政府活动现实功用的政府绩效评估,跟随具体实践的推进,也就不能离开公众参与实现民主行政的主题。

在传统的政府管理实践或行政学研究中,效率性和经济性功用的实现往往会成为政府民主行政的对立物,但是在财政危机的政府行政环境变动条件下,仍然需要不断追求地方政府行政活动理想的效率性和经济性。为了跨过这一价值对立的两难状况,政府绩效评估中引入的公众参与作为平衡两者之间的结点,如何将其当成民主行政的实现途径就变成了人们思考的议题。否则,现代国家的地方公共行政或地方公共治理应该内含的民主行政目标恐怕无法得以实现。总之,地方政府绩效评估中的理想效率性、经济性与政府民主行政之间的价值相对立或紧张关系,正由于能够通过政府绩效评估中引入的公众参与得到解决。

实践中,效率在政府绩效评估中大概是以"指标""标准"诸类形式表现出来的。这些种类的指标和标准被用作达成政府行政科学化、现实化、合理化的重要工具。不过与此同时,如果基于"规范效率"的角度考量的话,则会被追问这些种类的指标、标准设定依据的来源的妥当性。总的来说,在现代国家,因为政治的民主程序,其自身妥当性的程度才被正当化、合法化,所以作为政治功能的谈判、游说、妥协、交易等影响公共政策的水平。假若这一民主决策缺乏相当洞察力,那么由此造成的矛盾就会在政府公共政策的实施过程中凸显出来。所以,为了消解、减缓、调和这一矛盾,政府的为政者也会探讨克服困难的途径。

2. 日本地方政府绩效评估的公众参与状况

可以说,日本地方政府行政活动的实际绩效评估与公众参与有着交错的部分,而且显示出多样性的发展和变化。客观来看,1996年,三重县引进的政府绩效评估属于当时和之后地方政府绩效评估活动得以广泛推进的重要"契机",并且在全国范围铺开。而且在这一自下而上积极促进的政府绩效评估制度的全面变革中,日本地方政府应然的能动性、主体性和积极价值不可忽视,战后以来以推动政府变革为基本价值指引的日本行政学研究也为此发挥了支撑和促进作用。这些也都成了日本在全面推进政府绩效评估时逐渐与公众参与相关联的前提基础。

日本政府绩效评估中引入的公众参与事例,最早能够追溯到1997年群马县太田市进行的"行政审查制度",还有20世纪90年代宫城县实施的"县民参与型行政评价"、东京都三鹰市开展的市民参与、三重县政府绩效评估中引入的非政府组织参与等。可以说,日本在促动政府绩效评估的同时,确实关注到了公众参与的问题,而且以多样化的途径得到了发展。其中主要采用的途径包含:公开政府绩效等信息,号召公众关心政府绩效评估活动和促动公众参与。其中公众参与的"公众"涵盖外部专家、非政府组织相关成员以及当地居民等,关注了外部性特征公众参与的广泛性。虽然因地方政府而异,但公众参与不同程度地涉及政策制定或政府活动的多个环节。另外,札幌市推出的"参与型会议"和"市民评价"均取得了较好的评估成效,并且到了21世纪之后,在日本很多地方政府中广泛推行。上述模式的目的主要在于,经由当地公众直接参与地方政府绩效评估来优先选择或降低政府项目,以达到降低政府成本以及推动政府活动更符合公众理想的效果状态。

在现实良好效果的影响下,到2010年日本就已经有977个(其中市区町村基层政府占913个)——占总数54.4%的地方政府逐步引入了政府绩效评估制度,开展政府绩效评估的实际地方政府数量逐年提升。同时,经由以上对日本地方政府绩效评估实践的分析可以发现,日本在强力促进政府绩效评估之初就开始努力将公众参与、绩效评估主体多元化、地方公民本位、外部性因素等要素整合进来。而且从实际来看,作为地方政府行政改革运动而被全面推动的日本地方政府绩效评估,与公众参与要素在多个层面交错结合,从而使其形式表现出多样化。一些日本行政学家设想的公众参与型政府绩效评估实践模式已经在日本地方初步形成,并取得了良好成效。

总之,尽管政府绩效评估因为追求效率性以及经济性的宏观背景,所以无法回避技术性、专业性的客观原因,但赋予地方公共治理语境下的政府绩效评估合法性、合理性和妥当性的公众参与却需要不断强调。在这里,地方政府绩效评估与公众参与并非机械的联系或联动,而且,地方政府绩效评估与公众参与怎样结合这一问题对于民主行政目标的达成具有重要的意义。地方政府绩效评估与公众参与之间的直接结合,也属于人们对民主决策的诉求。所以,地方政府绩效评估与公众参与之间的讨论,最大的焦点还在于当今公民社会的建构下公众能不能对行政活动结果范畴承担其必要的责任,实施必要的行为。

第 7 章
基层政府绩效评估的制度安排、宏观策略与具体对策研究

乡村振兴战略背景下基层政府绩效评估体系的制度安排,是指调整、规范、规制乡村振兴战略背景下基层政府绩效评估实践,评估体系内部结构、要素的一整套的规则体系。反观目前我国政府绩效评估具体制度和宏观环境,能够发现这两方面的建设和实际培育还很欠缺和不足。其中制度安排重点在于具体体制框架的安排,其核心重在绩效评估"硬条件"方面的建设,而宏观策略则偏重在"软条件"方面的培育。而在具体实际的乡村振兴战略背景下基层政府绩效评估过程中,必须有针对性、可操作性的具体对策和举措来解决目前政府绩效评估所遇到的困境,以此来更好地促进和规范乡村振兴战略背景下基层政府的建设。

7.1 基层政府绩效评估体系制度安排短缺与基层政府建设困境

可以说,自美国 1993 年颁布实施《政府绩效与改革法案》之后,政府绩效评估开始被不断纳入法制化、制度化的相应管理机制之中。英国在 1999 年为了推动地方政府开展的绩效评估与管理,也具体颁布了新的《地方政府法》,对地方政府开展的绩效评估的标准、具体期限等做出了新的规定。澳大利亚政府在 1994 年的时候,成立了政府主导下的服务评审筹划指导委员会机构,专门负责有关政府服务绩效的具体评审工作。而在东亚地区的韩国主要依托韩国一个公共行政研究所来组织针对政策公众满意度的调查研究。在西方国家普遍对政府等公共部门实施绩效评估的潮流下,中国的公共部门也应逐步建立健全一个制度化的机制来约束绩效评估的全过程,从

而能够让公共部门自身及其开展的绩效评估有共同遵守的行为规范和行动准则。

7.1.1 基层政府绩效评估制度安排的价值预期

乡村振兴战略背景下基层政府绩效评估体系的具体制度安排属于以乡村振兴战略背景下基层政府建设为目标、以基层法治建设为基本内容的一系列涉及乡村振兴战略背景下基层政府绩效评估主体、评估指标体系、评估标准、评估途径和模型的各种既定规则、机制的总称。一般来说,制度往往内含着某种价值取向,乡村振兴战略背景下基层政府绩效评估制度也不例外,基层政府绩效评估制度安排实施的价值内涵有其自身特色,大概表现为诸如政治民主法治、绩效结果激励、制度规范等内容。

开展乡村振兴战略背景下基层政府绩效评估,就是要规范和规制政府等相关公共部门切实为广大人民群众维权的法制规则,约束基层政府依法运行的程序。这有利于推动乡村振兴战略背景下基层政府建设部门扎实树立公众本位的价值意识,促使相关部门在具体法治建设过程中着重关注社会公众的主体意志,真正以社会公众需求为价值目标,注重民生建设,让政府职能切实转变到真正以公共服务和公共物品方面的供给为主,推动政府部门不仅要"向上看",对上负责,更要能够"向下看",对社会一般公众负责,建立完善政府部门的社会公共责任机制。公民作为评估主体,参与到针对本地区政府建设绩效评估的整个过程中来,其核心意义在于民主的有序进行。同时亦能推动相关部门真正贯彻和深入面向公众、服务社会公众的公共责任制,有助于广大公众经由切身参与来监督服务型政府的建设进程。

国外开展的公共部门绩效评估以系统论和信息论为基础,将电子政务、信息网络技术等手段运用到"无缝隙政府"建设之中,加强政府等公共部门向公众提供公共服务的"无缝隙"运作,增强政府等公共部门的生态适应性。同时绩效等级的评定和满意度的评定将政府绩效与部门的有关财政、工作人员的具体效率相结合,结合一定的竞争评优机制,切实把绩效评估的激励功能发挥出来。乡村振兴战略背景下基层政府绩效评估通过科学的评估指标和标准的设定,可以对基层政府的特征、实施方式以及对广大公民权利的维护做出系统的衡量,有利于政府自身职能和运作方式真正转变到服务型理念所强调的政府运转模式和固有职能履行。同时,乡村振兴战略背景下基层政府绩效的实际评估过程,意味着所有绩效评估信息在评估实施主体之间的汇集和相互沟通,也会推动政府部门注重信息的获取方法和整合及管理手段的运用和结合。运用先进科学的信息技术对绩效具体数据进行系统管理,也有利于服务型政府与数字化政府建设的结合,增加政府信息技术化程度,推动政府的智能化构建。

乡村振兴战略背景下基层政府绩效评估的制度安排注重将绩效评估作为一种监督工具来对政府部门进行社会监督,从而防止基层政府建设过程和具体建设结果出现偏离既有轨道的现象。基层政府绩效评估属于工具理性和价值理性的有机结合和整合,最终目的在于实现工具理性在实际绩效评估中的精确化、有序化、科学化、客观化,同时要求价值理性的公正、平等、民主和以人为本。诚如卓越指出的,绩效评估管理把绩效作为管理的关键,重视管理的价值取向和整体社会效应,关注管理具体过程的环境因素和心理方面因素,力求在测评中能够将定量分析与定向分析二者有机地结合起来,[①]保障监督和控制的合理实施。在某种程度上,乡村振兴战略背景下基层政府绩效评估制度安排的重点在于对基层政府绩效评估进行合理和科学的管理。通过制度的约束,基层政府绩效评估过程中一方面要重视绩效评估的技术和方法,另一方面要注重增强它的应用性和回应性。乡村振兴战略背景下基层政府绩效评估技术和方法的运用重点在于实现绩效评估的工具理性,在绩效标准、绩效评估方法等的选取和测评过程中注重实事求是地采集数据,并对数据采用专业化的数理统计方法来进行测评。提高基层政府建设的实际应用性和回应性,关键在于实现公正、平等、民主、公众本位的价值意识。可见,基层政府绩效评估的制度安排经由工具理性和价值理性的整合来达成对基层政府部门的实际绩效评估,从而促动基层政府建设的具体实践进程有序展开。

7.1.2 基层政府绩效评估制度短缺及其对基层政府建设的影响

总的来说,西方国家的绩效评估相对侧重于政府等公共部门的具体职

---

① 卓越:《政府绩效管理导论》,清华大学出版社2006年版,第9—10页。

第7章 基层政府绩效评估的制度安排、宏观策略与具体对策研究

能的评估,纵观西方国家对政府实际开展的绩效评估,其基本上遵循着顾客导向理念、社会公共责任机制、结果导向管理制度以及分权制约管理制度等具体的制度安排和运行程序,有自身的特色。

其中,顾客导向理念属于将市场和企业运行理念作用于政府等公共部门的产物,伴随新公共管理运动在西方发达国家的流行,顾客至上的理念进入公共管理领域,不过在政府等公共部门的实际绩效评估中,为了适应政府等公共部门的特性,称为公众本位或公众导向的理念,其本质是一质的。以新公共管理理论为基础的政府等公共部门的绩效评估直接向公众或顾客服务、对公众负责,增强了政府的反应能力,其结果是透明的,再加上以顾客为导向的配套建设,为政府绩效评估的顺利推行提供了重要的制度供给和安排。在实践中,以顾客为导向,就是要求在开展基层政府绩效评估实践过程中以公众为本位,依照公众满意原则,经由制度的安排和供给,约束绩效评估,形成对一般公众负责的机制,而其达成的途径之一是最大范围地吸纳公众加入到基层政府实际绩效评估过程中来。一方面通过制度设计扩大公众加入绩效评估的途径,另一方面要求一般公众的公共精神觉醒,能够自发自觉积极自愿地加入。可是反观我国当前公众参与绩效评估的实践现状,一方面,当地政府公民有序参与的方式和渠道匮乏,造成公众参与在技术上行不通,连最一般的政府信息公开都尚难以运转,在一定程度上阻滞了公众了解绩效评估的信息;另一方面,公众整体法治意识薄弱,依法提出维权的主动性不高,更没有主动参与乡村振兴战略背景下基层政府绩效评估实践的热情与意愿,缺乏一种主动参政议政的积极性和自觉性。

诚然,分权化的制度架构是可以让西方国家公共部门实际的绩效评估得以通畅运行的另一重要制度安排方式。经由观察可以发现,西方国家的政府强调结果导向,注重对公共部门改革和政府工作人员以结果为导向的考核,这就要求管理者和政府工作人员注重以结果为导向提供公共事务和公共物品,给直接负责公共项目或公共服务管理者更多的权力,更多的自由裁量权,以激励其追求更高的业绩。通常来说,分权化常常有两个倾向,一个属于纵向分权,是一种中央向地方的分权;另一个属于横向分权,是一种向职能部门的分权。因为我国属于单一制的国家结构形式,明晰了地方权力的获得一定来自中央的赋权,同时当下我国是一种传统集权式的国家体制,造就了较为集中的权力运行方法和相对固定的规章制度,强调下级必须服从上级,而且地方必须服从中央,下级和地方作为一种执行机关,应当无

条件的执行上级以及中央做出的决定和已经制定的规章制度,导致下级和地方政府没有开展绩效评估的内在动力。同时,在上级对下级的实际管理和掌控中,注重过程的单一管理而不关注结果,造成下级在公共服务方面地提供中并不十分强调结果导向,使得绩效评估实践难以开展,阻碍了实效的达成。

可以说,对绩效评估和绩效管理工作进行法制化管理属于西方国家开展实际绩效评估的最基础的一种制度安排。比如美国颁布了《政府绩效与结果法案》,其中就开创了对实际绩效评估实施法治化有效管理的先河。经由法律制度来约束和规范绩效评估和绩效管理的全过程,在西方国家纷纷得到了实施,取得了较好的效果。比如英国颁布了《改进政府管理:下一步行动方案》和《地方政府法》,都对政府绩效评估进行了法律规范。因此,西方国家有一整套法律制度性规范框架,为开展绩效评估提供了制度上的规制。

而从我国的实践来看,在绩效评估过程中,一方面法制化基础薄弱,无论是从国家层面还是在地方的规章制度建设方面,并没有专门的绩效评估法律规范。尽管在地方绩效评估实践过程中,各地做出了包含可操作性的制度和实施办法,但并没有国家层面一级的法律效力,我国开展绩效评估缺乏法治基础。另一方面,在服务型乡镇层级人民政府建设过程中,几乎各地对绩效评估制度的阐释和执行标准是不相同的,其内容的界定也是不相同的,造成绩效评估框架体系空泛。另外,当前我国绩效评估制度化基础薄弱、程度低,缺乏公信力和权威性,这固然与传统行政模式或治理模式,以及政府职能转变和基层政府建设进度的迟缓有关,但政治文化和政治意识、政治环境也是不容忽视的深层次因素。

7.2 基层政府绩效评估制度安排的宏观策略

乡镇人民政府肩负着乡村振兴战略背景下基层政府建设成败的重要责任。[①] 对基层政府的建设开展绩效评估,就是为了确保政府建设的有效进行。绩效评估是监督乡村振兴战略背景下基层政府建设的有力工具。我们

---

① 段红柳:《构建法治政府论》,湖南人民出版社 2007 年版,第 4-5 页。

在制度变迁采用"破—立"的基础上,应当从制度建设的角度,开展制度机制建设,配以相应的制度文化的内在规范,接着从系统、体制、组织、人员、制度以及文化等方面多层次立体化提升绩效评估体系,促进基层政府建设和完善。

7.2.1 立足于中国的基本国情并走出制度变迁的路径

完善乡村振兴战略背景下基层政府绩效评估的制度建设,要求我们应当在尊重国情和现阶段国家整体发展实际的前提下,立足中国乡村振兴战略背景下基层政府发展的具体状况。从国家发展的整体来说,当前我国仍处于社会主义初级阶段,市场机制在某些领域尚未建立和健全。在政治上,社会主义制度尚处于逐步完善的阶段,政治体制改革仍在继续,人民当家作主的程度还有待进一步加深,公民有序参与机制和技术手段尚不健全。同时最重要的是区域之间、地区之间以及区域内部发展的不平衡。在乡村振兴战略背景下基层政府建设方面,行政管理体制和政府职能转变与社会主义市场经济发展要求还很不适应,依法行政面临诸多障碍;行政立法不够完善,跟不上改革和发展的要求;实践中对行政决策的合法性、合理性、民主性和科学性重视缺乏,决策程序不完善,主管人员决策责任追究机制不健全,部门有关决策失误频发现象一直存在;有法不依、执法不严、违法不究的现象时有发生,特别是越权行政、当为不为、违反法定程序、趋利执法等问题比较突出;对行政权缺乏有力的监督和制约。① 这些问题基本上是我国基层政府建设过程中正在面临的问题,这与西方国家构建的比较健全的政府法治化运转方式和模式是有很大的差距。这种发展阶段和发展程度的不同,使得我们必须清醒地认识到,在开展乡村振兴战略背景下基层政府建设过程中,不能完全照搬西方发达国家的建设方式和模式,绩效评估指标体系和方法更应该在结合自身特征的基础上,进行消化吸收再创新,探索出一套适合自身特色的基层政府绩效评估体系。

立足中国基层政府建设实际来完善基层政府绩效评估体系的制度安排,要求我们应该在制度变迁采用"破—立"中寻求突破。一种制度变迁的

---

① 段红柳:《构建法治政府论》,湖南人民出版社2007年版,第18-19页。

需求理论强调市场的力量,认为来自那些市场的对制度变迁的关注会引起制度的创新,不过,这种理论实际上具现了一种诱致性特征的制度变迁方式。这种制度变迁的供给理论,实际强调的却是国家在制度变迁供给和决定有关制度变迁方向中扮演着一个其他任何组织无可替代的关键角色。诱致性特征的制度变迁会因为社会集体行动面临"搭便车"问题的困扰和障碍而导致制度供给缺乏,而这又可以经由发挥国家的作用加以完善。这种理论发展了其自身与诱致性特征的制度变迁相互对应、相互补充的新的制度变迁方式,即属于一种"由国家法令导致的强制性制度变迁。"客观上,不管是诱致性制度变迁还是强制性制度变迁,所显现的是两种极端的制度变迁方式,它们二者并不是截然对立的,因为诱致性制度变迁所需的制度供给,最终需要国家在法律方面的认可和支持;强制性的制度变迁,还将不断引致一系列出自市场的制度变迁需求,更进一步诱致制度变迁。但是审视基层政府绩效评估框架体系的制度安排,有关国家和政府部门的推进属于一个方面,另一个方面来自市场机制对乡村振兴战略背景下基层政府的要求,以及广大社会公众对服务型乡镇政府建设的监督。这样基于两端的上下结合和相互促进,存在一种相向而发的合力,也许可以迸发出乡村振兴战略背景下基层政府绩效评估具体制度完善的"火花",并为之提供有力保障。

其中之一是牢固树立乡村振兴战略背景下基层政府建设理念,培育一种政府绩效文化。乡村振兴战略背景下基层政府的建设绝非一日之功,应该坚持在中国共产党全面领导、依法治国以及人民当家作主三者有机统一的原则基础上,经由法治来规范和约束政府的运转和运行。其中之二是打破制约政府等社会公共部门绩效评估的有关体制性障碍,营造一个有利于实施基层政府绩效评估的体制环境。进行基层政府绩效评估的制度安排首先需要进行政府绩效评估的制度建设,通过政府绩效评估的制度安排来进一步完善和细化服务型政府绩效评估的相关制度建设。那么,绩效评估能否在服务型特征下政府建设和完善的实际进程中发挥作用,很大范围上在于绩效评估能否出现实际效用。并且,在走向体制逐步健全的现代化国家进程中,制度供给和制度安排起着很大的作用,甚至可以说绩效评估的制度建设和体制环境是决定绩效评估成功的关键。时下中国最重要的是,经由制定和完善有关具体绩效评估的法律法规来处理绩效评估与原有制度和相关措施之间的矛盾和冲突,经由完善绩效评估的法制来明晰绩效评估的法律地位,推动、增进绩效评估的法律功能和地位,营造一个有利于开展乡村振兴战略背景下基层政府绩效评估的具体体制环境。在转变政府职能实践过程中,经由构建法治政府来创设一个透明的、阳光的、有机的行政法治运行环境,从而把法治政府的营造与实际绩效评估的开展经由制度固定下来,定期开展针对乡村振兴战略背景下基层政府的绩效评估工作。

7.2.2 促动基层政府进行对应的配套制度改革

可以说,乡村振兴战略背景下基层政府的建设关联着政府的职能转变、行政体制改革、行政决策、立法机构的完善以及执法工作的公正、党的全面领导等诸多因素的有机配合和体制机制的整合。我们结合乡村振兴战略背景下基层政府绩效评估工作的具体实际,在完善服务型政府的相关配套制度中,应强调关于政府信息公开制度、政府职责履行情况以及政府电子政务等有关制度的健全和政府运转具体方式转变的分析。

(1)完善政府有关信息公开制度。一个服务型政府是阳光、透明的政府,其运行过程必须切实面向公众开放,实现真正的透明化办公。另外,绩效评估亦要求政府公开透明,便于所需绩效信息的搜集和分析。政府信息公开也属于公民对国家机关及其所属的工作人员进行监督的范围,同时还有助于公民直接参与有关社会管理,是保障法定公民权利的有效途径。

当然,完善政府信息公开制度的先行举措便是立法,制定一部真正具有中国特色的《政府信息公开法》。尽管2007年国务院颁布并于2008年5月1日正式实施《政府信息公开条例》,但其仅仅是国务院规章,并没有经全国人大制定的法律更具约束和规范效力,因此应抓紧制定颁布《政府信息公开法》,将政府信息公开行为纳入法制化管理轨道。这也有利于在法律上规定公众的信息获得权,提升公民的主人翁意识,推动政府积极回应公众合理需求,履行政府的法定公共责任机制。其次还要制定和完善其他相关方面的法律制度,保障《政府信息公开法》立法目的的顺利实现,对于涉及政府信息的保密问题,可对相关的《档案法》《保密法》组织完善和修补,使其依照时代变化适应公众对政府有关信息公开的需求、获取。

(2)完善有关电子政务制度建设工作。电子政务运用网络信息技术,以互联网为依托创新了政府部门的工作方式、管理机制,改变了政府管理生态,实现了政府无缝隙的连接。也使得公众能够通过互联网实现与政府及时的信息沟通,公众能够经由互联网参与到对政府工作的监督和管控中来,这样就很大程度上使政府运行在阳光之下,透明政府正在逐步成为可能。同时亦便于公众获得政府活动和政府职能绩效的信息,便于对政府开展绩效评估。

目前政府电子政务的发展和完善应考虑和解决的问题亦有很多。我们认为首先要整合现有的政府门户网站,真正实现政府信息的有效整合,进而推动政府门户网站内部、有关政府门户网站之间、政府门户网站与非政府门户网站之间的信息一体化联网建设,从而有利于公众利用网络实现信息数据的获得。另外,要强调《政府信息公开条例》在政府电子政务具体建设中的应用,虽然《政府信息公开条例》已经对政府信息公开的有关范围做出了界定,不过应避免政府打着实施《政府信息公开条例》法规的旗号,肆意扩大应依法公开但却实际不公开的信息范围,避免政府自由裁量权行使的肆意"扩张"。可尝试经由政府门户网站实现政府官员与公众互动制度化,经由网络论坛、社区、微博等信息智能平台切实实现政府官员与公众的日常互动,从而让其成为政府信息公开工作的重要补充机制。还必须从制度建设入手健全公民网络参与渠道和方法,规范公众网络加入行为和文明用语,经由在线民意调查、政府官方微博等平台,增强公共电子政务参与方面的广度和深度[①],保障公民的合法权利。

7.3 基层政府绩效评估制度有效创新的具体对策

乡村振兴战略背景下基层政府绩效评估制度设计和建设并不仅仅关注于制度安排的价值预期,也并不停留在宏观调控层面的制度架构和宏观调控背景的制度环境营造,但是应根据不同地区的法治进程建设实际提出完善本地区绩效评估的具体对策和建议,以促进本地区法治进程和具体绩效评估的落实和发展,进而最终实现绩效评估对当地地方法治建设的激励和指引作用,促进绩效评估制度的有效创新。

---

① 钟冬生:《电子政务与我国的透明政府发展路径》,载《前沿》2011 年第 2 期,第 36 页。

7.3.1 促动公众参与基层政府绩效评估的具体民主化与制度化

公众参与乡村振兴战略背景下基层政府绩效评估的合理性和必要性确实在前文进行了阐释,不过实际情况是公众直接参与或经由社会组织来参与实际绩效评估的程度、深度、力度以及广度还很低,导致绩效评估过程中具体的民主化程度较低,绩效评估结果的合法性和权威性就会广为质疑。一是绩效评估尚未得到各级政府部门的重视,在乡村振兴战略背景下基层政府建设部门及其工作人员尚无开展绩效评估的观念和认识。二是评估主体配置并不很合理。有两个倾向,一方面是评估主体单一,往往是上级作为唯一的评估实施主体对下级所属部门进行评估;另一方面是评估实施主体的混乱选择,不能依照评估内容和评估主体自身的特质来合理有序搭配,致使评估结果的民主性和科学性饱受争议和质疑。三是在评估过程中不能充分吸纳社会组织和专家学者的参与。在国外,专业性评估组织和专家学者在绩效评估中扮演着十分关键的作用,在我国却较少受到重视。这固然与对绩效评估实际认识不深有关,但其中更重要的是我国当前政府绩效评估的实践还十分不到位,还远远不能运用绩效评估对政府部门的公共事务和公共物品的提供进行监督和控制。有鉴于此,我们为了进一步推动公众参与基层政府绩效评估的具体民主化,应从以下几方面开始改进、完善。

第一,充分认识基层公众加入乡村振兴战略背景下基层政府实际绩效评估的作用。当然基层公众参与本地区的实际绩效评估,能迫使基层有关政府注重公众的日常普遍需求,使得政府注重在其部门日常事务处理过程中倾听广大群众呼声,提高政府对公众的回应性,从而让政府充分认识到不仅对上负责还应对下负责,有利于促动乡村振兴战略背景下基层政府建设部门真正做到以公众为本位、以公众为中心。但是我们也应该认识到,我国基层公众公共意识和公共精神的缺乏也是公众难以有效参与基层绩效评估的制约因素之一,绩效评估毕竟是一项专业性很强的事务,基层公众的知识素养参差不齐,不经过培训恐怕很难真正参与到绩效评估的过程中。另一方面,传统小农意识在基层公众的思想中仍然存在。目光短浅,重视眼前利益是典型小农意识的表现,如果处理不好公利和私利的关系,一旦公众参与本地区的绩效评估,往往会由于利益偏差做出不太客观地评估。同时,有些基层政府建设内容并不适宜甚至有时也并不需要公众的直接参与,比如立法建设以及司法建设等,普通公众是很难参与其中的。因此在吸纳公众加入本地区的具体绩效评估时应当充分考虑所评估对象的具体内容和特点,结合本地区公众基本情况,有序扩大公众加入本地区的绩效评估,最大程度实现绩效评估的民主化。

第二,注重由制度确保多元主体加入本地区绩效评估,特别是社会组织和有关专家学者的参加。我们在前文已经分析了诸类多元主体的优缺点以及相应利益差异,这就需要经由制度来确立多元主体加入的途径、方式和程度,还要保障多元主体在不同绩效评估实践中的参与范围。这并不意味着所有基层政府建设内容的绩效评估都适合多元主体的参与,服务型政府内部职能部门的整合可能并不适宜所有主体参与评估,而应该根据具体的评估内容来选择评估主体。当然,绩效评估专家学者群体以及社会组织中具有专业性特征的绩效评估机构以其应有的专业化知识储量和应有的理性客观,在基层政府绩效评估中已经得到重视。可在政府内部成立由相关专家组成的专职负责具体绩效评估的领导小组,也可以依靠大学和研究机构来个体性承担对所在区域的具体绩效评估工作。这样的结果一方面可以保证地区具体绩效评估民主化的应然价值导向,另一方面能够实现地区绩效评估的应然科学化、精确化的工具功能。

第三,打造阳光政府,增强基层政府建设以及具体绩效评估过程的透明度。我们明白必须让政府在阳光、透明的状态下运行,政府工作人员才不会懈怠,才能有效避免权力"寻租"问题出现。我们知道,基层政府实际的绩效评估作为对基层政府建设进行有效监督的利器,更应该在阳光、透明的良好环境下运转,才能使得实际绩效评估的过程和结果受到公众的认可和支持。一般来说,提高绩效评估的相应透明度,一方面要在确保本地区绩效评估规划时,切实邀请公众和专家学者参与其中,为决策规划提供一定民主化、科学化的智力支持;另一方面做好有关本地区绩效评估过程的具体管理,绩效评估进程、评估主体、指标标准体系、实施评估方法和方式以及最终评估结果应及时向社会公众公布,接受来自广大社会公众的监督。为了能够最大程度地达成公众参与的民主化,必须在绩效评估的不同阶段全面发挥各个评估主体的作用,如公众参与对政府法治进程建设的满意度测评;有效发挥大众传媒对绩效评估实践的监督,经由互联网、报刊、电视等诸类媒体及时展示政府建设绩效信息和实际绩效评估进程,增加本地区绩效评估的透明度。

7.3.2 提升基层政府绩效评估具体制度供给

可以说,提升乡村振兴战略背景下基层政府绩效评估具体的制度供给是基层政府绩效评估能够确实实施的重要依据和保障。当然,基层政府建设本身的特殊性以及基层政府建设部门的特殊性,强调必须对其进行绩效评估实践上的规制和约束。一般而言,乡村振兴战略背景下基层政府对本地区政府绩效的评估大多处于自发状态,评估标准和评估内容不统一,且指标体系内部的信度和效度尚有待进一步验证;此外,许多地方的绩效评估存在为评估而评估的现象,并且很多时候会随着主管领导注意力的改变而对绩效评估"冷眼以待"或"束之高阁",没有建立起有效的本地区绩效评估制度。

一般来说,开展针对乡村振兴战略背景下基层政府的绩效评估经常会有两个动力,一个属于上级和社会公众提出的要求,另一个来自相应乡村振兴战略背景下基层政府建设专责部门的内在追求。当然,在目前的政治生态和具体行政环境下,希冀相应基层政府专责部门主动开展针对政府自身的绩效评估,是不太实际的。为此应当依靠外在的监督主体开展强力推动,依靠专门针对乡村振兴战略背景下基层政府绩效评估具体的制度来强调基层政府实际绩效评估工作内容。

一是建立和完善针对相应基层政府层级的实际绩效评估工作制度。一方面上级部门和领导要关注在乡村振兴战略背景下基层政府开展绩效评估实践的重要性,在财政资金的实际安排、评估人员等方面提供保障。另一方面必须关注工作制度的健全。要求上级部门组建一个专门的基层政府绩效评估方面的领导小组,必须统一领导、组织安排专门针对本省区域内的基层政府绩效评估工作,而且领导小组成员应能够相应包含各个不同的评估实施主体,既有领导主体还有公众代表主体。同时必须制定专门的绩效评估具体制度规章,将对乡村振兴战略背景下基层政府绩效评估的具体原则、程序、方法和评估实施主体以及指标标准框架体系做出相应的统一安排,并在实际开展的绩效评估中不断完善,以求能够修补制度系统。

二是建立针对基层政府绩效评估的规范机制,使基层政府绩效评估制度化。所谓规范机制就是对评估对象以及实施评估主体的义务和权利明确规定,要求被评估对象要遵循评估制度,不得弄虚作假,确保最终绩效信息的真实有效;强调评估主体要善于利用智能的网络技术、智能信息搜集技术和智能数据处理评估方法和手段,对相关地区的绩效具体信息进行客观、精确化的研析,保证做出的有关地区实际的绩效评估结果经得起社会实践和公众的检验。另外还要建立绩效评估责任具体追究机制,主要是明确针对评估主体和相应的评估客体不依法律规章制度、不按规定的相应程序开展绩效评估实施问责,及时追究部门有关责任人员的责任。还应建立健全一个具体的绩效评估申诉和救济规定,对绩效评估结果和实际评估过程确实存在质疑的,要建立和真正健全完善畅通的申诉渠道、方法、途径和程序,及时提供救济处理。当然,法治建设绩效信息公开方面的制度化,是保证对相关地区实际开展绩效评估权威性和准确性的关键机制,应通过最大范围的法治建设绩效信息公开制度,来保证绩效评估工作的科学性和权威性达成。

三是完善乡村振兴战略背景下基层政府层级绩效评估工作的激励机制。前文已经对此阐述过,领导的重视属于绩效评估能够开展和促进的重要因素。在我国当下基层政府的实际绩效评估中,面对乡村振兴战略背景下基层政府治理的困境,实施绩效评估与有关领导干部具体的推动是分不开的。应通过奖惩机制来督促乡村振兴战略背景下基层政府主要领导有效开展绩效评估工作,使部门领导集体和工作人员共同加入基层政府绩效评估实践的改进工作,对基层政府建设全过程实施监督,定期熟知和审查建设的绩效和最终成果。同时还应定期公布不同地区的绩效排名,从而让绩效与领导者和有关部门工作人员的晋升与具体政绩考核相挂钩,推动乡村振兴战略背景下基层政府部门能够切实承担起应负的责任。

7.3.3 加速推动基层政府绩效评估工作的立法进程

在乡村振兴战略背景下基层政府绩效评估过程中进行立法保障,是基层政府绩效评估实践得以确立起效力地位的关键一环。考察目前国内外具体的绩效评估现状,并不存在专门针对绩效评估的立法实践,更别提专门针对基层政府绩效评估方面的立法了。国外法治化程度较高,进行法治建设的关键"窗口期"已经过去,不过针对政府等公共部门方面的绩效评估方兴未艾。因此,政府绩效评估与管理工作的法制化还是国外众多政府绩效评估与行政管理领域出现的重要导向之一。美国是法制较为健全的国家,只看在克林顿执政期间,就已经签署了90个相关法案以及相应的50个总统行

第7章 基层政府绩效评估的制度安排、宏观策略与具体对策研究

政命令,另外,国会还通过了85项立法以确定国家绩效评估委员会所总结的主张得以实施,其中特别有影响的就是1993年颁布的《政府绩效与结果法案》,这个法案以立法的形式明晰了对行政管理进行具体绩效评估的制度。英国专门针对政府方面的绩效评估法案大多颁布实施于20世纪八九十年代,1982年颁行了《地方政府法》,其中特别要求地方政府必须适用最佳绩效评估制度;到了1983年又制定《国家审计法》,其中授权审计长检查所有部门使用资源的经济性、程序、效率及效果;1989年发布了《中央政府产出与绩效评估技术指南》,这个文件使英国的政府绩效评估实践进一步规范化。英国在进入20世纪90年代以后,地方政府面临一个新的改革任务,于是在1997年发布了《绩效审计手册》,有力地促进了英国政府具体绩效审计工作的开展,接着1999年颁布了一个新的《地方政府法》,其中则明确要求地方政府必须实行最佳绩效评估制度。澳大利亚关于绩效评估方面的法案大多颁布实施于20世纪90年代,先后颁布了诸如《功绩保护法》《公共服务法》以及《审计长法》等法案,到了1999年颁布了《联邦政府服务宪章》和一个新的《公共服务法案》,其中均要求根据公众的意向为联邦政府各部门明晰"服务标准",作为实际绩效评估的重要依据。东亚国家的日本则曾经在2002年颁布了一个《政府政策评估法》,重申了对政府决策事先开展评估制度的内容。

法制化属于西方国家政府绩效评估实践开展的前提和基础,吸收西方国家政府绩效评估方面的经验,法制化、制度化方面建设应成为我国当前政府绩效评估不断健全的重要趋势之一。不过对绩效评估来说,开展法治建设本身就属于政府公共服务的一项重要内容,可遵循政府开展绩效评估法制化建设进程的路径,来规范其中的专门领域——基层政府绩效评估实践的全过程。首先,经由立法来确立相应政府绩效评估的地位,明确绩效评估的权威性,同时颁布绩效评估工作的具体制度和规范。其次,政府绩效评估的立法内容应涵盖绩效评估多元主体参与、具体的政府绩效评估指标、具体的政府绩效评估程序、相应的政府绩效评估报告撰写、具体的政府绩效评估结果的公开以及如何使用等,还应涵盖政府绩效评估的应有法律责任机制以及提出申诉制度等,力求经由立法来规范政府绩效评估实践的全过程。当然,乡村振兴战略背景下基层政府法治建设的本质是国家法治建设在基层的具体展开,是政府公共服务和职能之一,可通过政府绩效评估的法制化来对绩效评估进行管理,使乡村振兴战略背景下基层政府绩效评估得以顺利开展和规范化进行。

7.3.4 加快推动政府问责制度与绩效结果运用制度构建

总的来说,乡村振兴战略背景下基层政府绩效评估最终结果的运用是具体绩效评估能否取得应有作用的重要环节。经由本地区的绩效评估结果,方可对本地基层政府各个方面予以全面了解,发现不足,并可以进一步采取措施来专门对本地区建设的各个环节进行改善和修补。另外,绩效评估最终结果的运用也是增强公众满意度的重要方式和渠道,毕竟公众对本地区现有服务型政府建设成效具体的评估和看法以及有关满意程度均会在最终评估结果中得以反映,经由评估结果的运用,推动基层政府部门真正贯彻以公众为本位的价值理念,促使政府自身公共责任制的落实。

反观我国乡村振兴战略背景下基层政府绩效评估结果的运用,一方面,专门的实际针对基层政府绩效评估工作尚未在全国普遍展开,因此基层政府的绩效评估只不过是作为政府绩效评估工作的一个子项目或子系统展开的,不能有效显示服务型政府建设的所有内容。另一方面,政府绩效评估结果反馈不足,或者长时间被束之高阁,无人问津,从而让绩效评估结果被有关部门无情冷落,经由绩效评估结果来对有关政府部门进行监督也就成为一种奢望。有鉴于此,一方面要经由大众传媒等途径尽快将绩效评估结果公开,利用舆论的压力推动政府相关部门关注绩效评估结果所体现出来的问题。另一方面要求中央和上级政府在实施针对下级政府部门的绩效评估时,必须建立和完善相应的激励措施和机制,通过最终绩效评估结果对实际被评估对象进行奖惩,从而激发被评估对象自身的积极性,使其主动积极履行本应承担的责任和职能,确保做好政府工作和专门性的工作,从而提高乡村振兴战略背景下基层政府建设的水平。

7.4 本书的研究结论与研究展望

通过以上较为系统的理论分析和实证研究,我们可以总结出些许可供借鉴的研究结论。但我们的研究绝不仅仅止于此,为了更好地推动本书内容的研究进展,我们也提出了几点展望,以供本人及其他学者引证、践行。

第 7 章　基层政府绩效评估的制度安排、宏观策略与具体对策研究

7.4.1　本书的研究结论

本书以新公共管理理论中的绩效评估与当前我国基层政府建设相结合构建一个乡村振兴战略背景下基层政府绩效评估实践体系。在调查研究的基础上,反思我国有关基层服务型政府建设工作的实践,分析了我国当前基层政府绩效评估框架体系的内在结构和要素,思考了包括基层政府绩效评估多元实施评估主体、规范的指标框架体系、科学的评估方法、有关制度安排在内的乡村振兴战略背景下基层政府绩效评估框架体系。

通过理论分析和实证研究,本书的研究结论主要有:

(1)乡村振兴战略背景下基层政府绩效评估框架体系构建要根据我国国情和基层政府的建设实际进展来实施。

西方发达国家已经组成了比较健全的治理模式和手段,服务型政府建设确实已经不是西方发达国家开展社会治理和政府建设工作的关键内容,其公共政策推动服务型政府建设的关键"窗口期"早就已经过去。反观当下,我国现代化建设依然是"进行时",政府权力滥用以及"寻租"腐败等问题的出现,公民权利得不到积极有效的保障,说明我国服务型政府的建设仍然任重道远。虽然为了更好适应社会主义市场经济对政府职能的转变要求,服务型政府被视为政府加强自身建设的方向,但政治体制改革和行政管理体制改革尚有巨大提升空间。

尽管当前许多地方政府开始了相关绩效评估的探索,并已经取得了初步成效,但绩效评估指标体系的不完全统一,往往会收到众多质疑之声,质疑的是那些"绩效评估地方"。针对这些质疑之声,行之有效的办法就是开展专门的绩效评估,通过绩效评估这一利器来全面审视和审查地方政府建设的成效。不过乡村振兴战略背景下基层政府既然是我国服务型政府建设方面的基层单位,是观察服务型政府建设和社会公众满意的"窗口",也是"前沿阵地",开展有关绩效评估更能直接考量出地方政府建设成效和社会公众满意度。但是我国区域发展内部以及有关区域之间历史传统、经济社会发展水平的相对不均衡,使地方政府建设工作呈现地方特色,因此基层政府绩效评估实践必须与本地实际情况相结合方能成功。

(2)乡村振兴战略背景下基层政府绩效评估框架体系是一个包括基层政府绩效评估实施主体、评估指标体系、具体评估方法和制度安排等要素在

内的有机系统。

当前,在乡村振兴战略背景下基层政府绩效评估实施主体的构建中,强调评估主体应该属于一个内部评估主体与相应的外部评估主体相结合的综合评估体系,并研究不同评估主体的利益方面的差异,认为应不断扩大公众、有关专家学者和社会组织等相应评估主体参与深度以及广度。在评估指标体系具体的构建中,从乡村振兴战略背景下基层政府建设的层级特征、建设内容以及有关内化平衡计分卡具体的绩效维度三个方面开始,探索出了一套依照三维立体逻辑框架的具体指标体系,力求实现乡村振兴战略背景下基层政府绩效评估框架指标体系的科学化构建、推进。评估方法的选择注重主观评估与客观定量测评方法相结合,在公众满意度测评的基础上,对调查数据进行数理模型和专业化的统计分析,力求实现绩效评估的工具理性和价值理性的有机结合。并且通过调查问卷,运用公众满意度测评理念对若干乡村振兴战略背景下基层政府建设进行调查。总之,基层政府自身的绩效评估体系是一个有机系统,应依照整体与部分的辩证关系,科学构建和配置当下基层政府绩效评估体系的内部结构要素,进而对其进行合理科学的整合,发挥乡村振兴战略背景下基层政府绩效评估体系的整体性能。

(3)乡村振兴战略背景下基层政府绩效评估具体的制度安排需要在健全政府绩效评估制度方面的基础上,从制度自身的价值意蕴、绩效评估实施的宏观环境以及相应具体的制度供给等方面开始,通过乡村振兴战略背景下基层政府绩效评估促动基层服务型政府的建设进程。

考虑到国内外乡村振兴战略背景下基层政府绩效评估工作的实践不足,同时也考虑到服务型政府建设工作是政府公共服务方面的一项内容,所以可以在当前完善政府绩效评估工作制度化的基础上,来推动专门针对基层政府绩效评估工作的制度化建设。乡村振兴战略背景下基层政府绩效评估框架体系必须在具体的制度框架下运行方可持续有效地进行下去。经由制度的安排,使基层政府绩效评估的实际价值达到预期,而且作为有效监督基层政府建设的利器来认真看待,最大程度地达到绩效评估工具目标和价值导向的双重功效。其制度建设应当在尊重实情的基础上,借鉴上述西方发达国家政府绩效评估的先进经验,力争开拓制度变迁的路径,在一套服务型政府配套制度的支撑下,实现基层政府绩效评估工作的民主化进程,并经由基层政府绩效评估的法制化、制度化管理,加强基层政府绩效评估的具体制度供给。

7.4.2 本书的研究展望

基于本书研究,现将对政府绩效研究展望总结如下:

(1)跨学科研究将受到高度重视。跨学科、多学科研究,尤其是自然科学和社会科学相结合的跨学科、多学科研究,既是学科自身发展的内在企望,又是解决日益复杂的客观实际问题的具体需要。当然,政府绩效管理这一领域属于世界性难题,越来越呈现出复杂性、相互依存性的特征。而仅仅依靠公共管理学科自身的内在逻辑,去揭示社会现实,有其严重的局限性,无法全面、准确地揭示政府绩效管理的本质。所以,政府绩效管理研究迫切需要跨学科的视野。国外政府绩效管理研究广泛涉及政治学、法学、管理学、经济学、心理学、社会学、系统理论与计算机信息科学等学科,这些学科从各自角度丰富了政府绩效管理的理论基础、结构体系、研究方法和实践模式。国内学者已经尝试从多学科视角分析,并得出了一些研究政府绩效管理的必要性与重要性的结果。在今后一段时间内,跨学科研究必将得到我国学者的高度重视。

(2)学科研究范式将初步形成。范式是方法、模式或模型、共同体信念的有机统一。基于国际政府绩效管理方面的研究成果,确实早已形成了以健全电子政府、公共组织以及社会文化和政府绩效为核心知识区域或研究范式的学科内容,而我国的文献分析显示,国内政府绩效管理研究从多重视角出发,对政府绩效评估的理论基础、结构体系、研究方法与实践模式等进行了研究,呈现出系统化特点,并初步形成了中国政府绩效管理研究的宏观框架,但绩效管理的学科研究范式尚不清晰。随着国内研究的不断深入与拓展,学科研究范式的轮廓将会初步形成,促进适合我国国情的绩效管理体系的建立与完善,更好地指导绩效管理的实践活动。

(3)合作研究将进一步加强。在本研究选用的1087篇文献中,两个作者合作完成的文献量是245篇,占22.5%;三人以及三人以上合作完成的文献量是57篇,仅占5.2%。由此可以看到,国内关于政府绩效管理研究的合作活跃度还不是很强,跨机构、跨区域的合作研究仍比较弱,尤其是政府部门与专家学者之间,合作情况尤为薄弱。虽然我国绩效管理的实践开展较西方晚,但发展速度很快,政府各部门在理论的指导下纷纷开展本土化工作,有着丰富的实际操作经验,对绩效管理理论中存在的问题有着十分深刻的直观体会,这正是理论工作者所缺少的,如果政府部门能够和理论学者有效结合,对我国绩效管理的理论与实践的发展将会起到非常重要的作用。

(4)实证研究将进一步凸显。实证研究是政府绩效管理研究的本质特征和内在要求。面向实证研究,可以避免理论成果被束之高阁,可以更好地发现理论研究的空白与缺陷。随着改革的深入,我国的政府绩效管理工作越来越引起人们的广泛关注,社会影响也越来越大,实证研究对于丰富国内政府绩效管理的研究途径、创新有关政府绩效管理理论、引领政府绩效管理改革进程,有着十分重要的意义。2003年以来,我国政府绩效管理的研究文献虽呈快速增长的趋势,但其中实证研究所占比例却比较低,成为目前我国政府绩效管理研究的一个薄弱环节。可以预见,理论与实际相结合的实证研究将在以后的研究中得到重视和强化。

7.5　本书的研究局限性及有待进一步研究的问题

基层政府绩效评估工作可以说针对性很强,目前国内外实际开展这项实践的地区还不多,无太多的研究资料可拿来借鉴。同时绩效评估工作本身就是一个普遍的"世界性"难题,特别是绩效评估结果的实际运用,综合来看,有关本书的研究局限主要可以概括为:一是对我国当下政府绩效评估的整体实际情况缺乏整体和科学的全面分析。二是本书所提出的乡村振兴战略背景下基层政府绩效评估框架体系尽管是一个有机系统,但其自身内部诸要素间的合理、有序、科学整合需要进一步通过具体实际的实践验证。同时,众多绩效评估指标体系相互之间的内在信度及有关效度需要进一步验证和度衡。当前这一评估体系在很大程度上是经由标杆管理绩效测评方法推理出来的,其最终的效用还需进一步经由实际开展绩效评估工作予以验证,方可知晓。

参考文献

[1] 廖雪泓,何永明. 我国地方政府绩效管理模式探析[J]. 生产力研究,2012(9):103-105.

[2] 方振邦,罗海元. 政府绩效管理创新:平衡计分卡中国化模式的构建[J]. 中国行政管理,2012(12):25-29.

[3] 董礼胜,刘选会. 政府绩效管理过程反思[J]. 中国行政管理,2012(12):15-19.

[4] 王学军,张弘. 政府绩效管理研究:范式重构、理论思考与实践回应:"公共绩效治理:国际学术前沿与全球实践经验高端论坛"综述[J]. 中国行政管理,2013(3):125-128.

[5] 王佳. 浅谈地方政府绩效管理问题[J]. 经济研究导刊,2013(2):185-186.

[6] 徐双敏. 政府绩效管理中的"第三方评估"模式及其完善[J]. 中国行政管理,2011(1):28-32.

[7] 2011年全国绩效管理研究会年会暨"政府绩效管理与效能监察"研讨会征文通知[J]. 中国行政管理,2011(7):15.

[8] 王峰. 转变政府管理方式 健全和完善政府绩效管理制度[J]. 行政管理改革,2011(8):62-65.

[9] 杨士秋. 推行和完善政府绩效管理[J]. 行政管理改革,2011(8):66-68.

[10] 盛明科. 西方国家城市政府绩效管理的实践经验与发展趋势:兼论推进我国城市政府绩效管理的基本对策[J]. 行政论坛,2011(6):43-47.

[11] 刘鹏. 建设我国地方政府绩效管理制度的几点思考[J]. 行政与法,2012(3):10-13.

[12] 包国宪,文宏,王学军. 基于公共价值的政府绩效管理学科体系构建[J]. 中国行政管理,2012(5):98-104.

[13] 张昌平. 推行政府绩效管理制度[J]. 中国监察,2012(12):27.

[14] 胡淼淼. 政府绩效管理应贯穿科学理念[J]. 中国监察,2012(10):46.

[15] 马海涛. 政府绩效管理改革的问题及对策研究[J]. 北京人大,2012(7):37-39.

[16] 李玉春. 关于我国政府绩效管理现状的分析[J]. 管理观察,2009(8):36.

[17] 马国钧,马萍. 推行政府绩效管理应体现中国特色[J]. 行政论坛,2009(2):28-32.

[18] 张定安. 中国行政管理学会深入开展政府绩效管理研究工作[J]. 中国行政管理,2009(1):2.

[19] 杨文华,杨颖. 政府绩效管理的价值取向[J]. 法制与社会,2009(20):269-270.

[20] 马纯龙. 英美地方政府绩效管理的实践及其借鉴[J]. 学理论,2009(27):82-83.

[21] 刘旻. 新公共管理背景下的政府绩效管理[J]. 法制与经济(下旬刊),2009(24):109.

[22] 陈文清,廖廷辉. 关于建立政府绩效管理制度基本框架的思考[J]. 中国行政管理,2009(9):26.

[23] 刘旭涛,邱霈恩. 关于改进我国政府绩效管理制度的建议[J]. 行政管理改革,2009(2):72-74.

[24] 单国俊. 政府绩效管理地方立法探析:兼评《哈尔滨市政府绩效管理条例》立法特色[J]. 中国行政管理,2010(3):29-31.

[25] 陈初昇. 效率政府建设与我国地方政府绩效管理研究[J]. 特区经济,2007(12):289-290.

[26] 高小平,贾凌民,吴建南. 美国政府绩效管理的实践与启示:"提高政府绩效"研讨会及访美情况概述[J]. 中国行政管理,2008(9):125-126.

[27] 颜连江. 发展乡村旅游与振兴农业经济的若干思考[J]. 现代经济信息,2014(1):325.

[28] 周碧华,方建云,杨婉贞. 基层政府绩效考核的元评估分析:以福建某县级市为例[J]. 新视野,2015(4):71-78.

[29] 陈廷超. 论基层政府绩效管理的价值取向体系及其构建[J]. 管理观察,2016(9):23-25.

[30] 黄静伦.基层政府财政预算绩效管理探究:以苏州市吴江区盛泽镇为例[J].市场周刊(理论研究),2017(11):91-92,101.

[31] 王天鸽.我国现代企业绩效管理方法在基层政府绩效管理中的借鉴与运用研究[J].农村经济与科技,2018(3):254-255.

[32] 陈秧分,刘玉,李裕瑞.中国乡村振兴战略背景下的农业发展状态与产业兴旺途径[J].地理研究,2019(3):632-642.

[33] 耿学昌.基层政府部门全面实施预算绩效管理的几点思考[J].广西社会主义学院学报,2020(3):101-104.

[34] 王惠.新时期基层政府如何全面实施预算绩效管理:以G市为例[J].中国产经,2020(4):152-153.

[35] 王晓燕.基层政府绩效评价进程中的公众参与状况研究[J].中国市场,2021(7):109-110.

[36] 郑方辉,王佳兴,黄蓝.乡村振兴:政府绩效目标、农民获得感与基层治理模式选择:以G省农村生活污水治理为例[J].中国行政管理,2021(10):57-64.

[37] 习近平.坚持把解决好"三农"问题作为全党工作重中之重,举全党全社会之力推动乡村振兴[J].求是,2022(7):4-17.

[38] 鲍静.政府绩效管理理论与实践[M].北京:中国社会科学文献出版社,2012.

[39] 赵晖.政府绩效管理与绩效评估[M].南京:南京师范大学出版社,2011.

[40] 范柏乃.政府绩效管理[M].上海:复旦大学出版社,2012.

[41] 姜异康,唐铁汉.政府绩效管理的理论与实践[M].北京:国家行政学院出版社,2007.

[42] 卓越.政府绩效管理导论[M].北京:清华大学出版社,2006.

[43] 刘旭涛.政府绩效管理:制度、战略与方法[M].北京:机械工业出版社,2007.

[44] YANG, CL, "Power and performance institutional embeddedness and performance management in a Chinese local government organization," Accounting Auditing & Accountability Journal, vol. 26, no. 1 (2013), pp. 101-132.

[45] VAN DOOREN, W. "How to measure public administration performance a

conceptual model with applications for budgeting, human resources management, and open government," Public Performance&Management Review, vol. 35, no. 3(Mar 2012), pp. 489–508.

[46] WEST, JP. "The impact of management work habits on public sector performance:a study of local government managers," Public Personnel Management, vol. 40, no. 1(Spr 2011), pp. 63–87.

[47] WANG, B. "Requirements of human resource performance management on construction of service-oriented government in china," Proceedings Of 2011 International Confreence On Public Administration, vol. 1(2011), pp. 89–91.

[48] JUINES, PD. "In pursuit of performance:management systems in state and local government," Public Administrion Review, vol. 70, no. 6(2010), pp. 953–U148.

[49] WALKER, RM. "Future prospects for performance management in chinese city governments," Administration& Society, vol. 2, no. 1(Apr 2010), pp. 34s–55s.

[50] OWEN, H. "In pursuit of performance:management systems in state and local government," Goernment Information Quarterly, vol. 26, no. 4(Oct 2009), pp. 614–615.

[51] KETTI, DF. "Government performance:Why management matters," Journal Of Policy Analysis And Management, vol. 25, no. 2(Spr 2006), pp. 503–510.

[52] FORBES, M. " How does public management affect government performance? Findings from international research," Journal Of Public Administration Research And Theory, vol. 15, no. 4(Oct 2005), pp. 559–584.

[53] SANDERSON, I. " Performance management, evaluation and learning in 'modern' local government," Public Administration, vol. 79, no. 2(2001), pp. 297–313.

附　录

附件1

2019年度XXX镇乡（街道）目标管理考核实施意见

一、基本指导思想

始终坚持习近平新时代中国特色社会主义思想为引领，按照"当好科学发展排头兵、打造质量新XX"目标，全面推进质量提升"五大战略"，充分发挥目标管理考核的导向作用，激发镇乡（街道）争创"五个一流"工作热情，奋力夺取"质量新XX"建设的阶段性胜利。

二、考核办法

按照公平、公正原则和体现导向性、全面性、可操作性的要求，确定2019年度镇乡（街道）目标管理考核办法。

（一）考核分类

2019年度镇乡（街道）目标管理考核分类与财政口径分类保持一致，具体分为三类，一类镇（街道）：石碶街道、姜山镇、古林镇、高桥镇、集士港镇、五乡镇；二类镇：云龙镇、东吴镇、洞桥镇、邱隘镇、横溪镇、横街镇；三类镇（乡）：咸祥镇、瞻岐镇、塘溪镇、鄞江镇、龙观乡、章水镇。

（二）指标设置

2019年度镇乡（街道）目标管理考核指标设置继续按照"质量新XX"建设体系，分为"发展质量提升、建设质量提升、文化质量提升、生活质量提升和生态质量提升"五大类及执政能力建设类，基本分为200分，另设附加分和奖励分。具体指标设置和权重分配见附件1.1。

（三）计分办法

考核采用定量与定性相结合、增量与增速相结合、基本分与加减分相结合的计分办法。定量项目按各项指标完成实绩,以增速和增量为加分依据,增速比上年每新增 1 个百分点加基本分的 3%,比上年每减 1 个百分点减基本分的 2%;同时再按增量加分,即每超过同类别镇乡(街道)平均增加绝对量的 10%,加基本分的 4%,分项得分在基本分基础上最高可加 1.6N(N 为基本分)。非量化指标根据年末工作实绩分档次进行计分,按时完成目标任务的得基本分,完成较好的酌情可加 0.2N、0.4N 和 0.6N,未达到目标的相应扣分。最高得分单位个数原则上不超过单位总数的 1/3。如果在社会稳定、安全生产、人口计划生育、廉政建设等诸多方面出现严重问题的时候,加重扣分。指标数据的统计口径及相关企业、园区统计划分由区统计局确定。

三、结果运用

(一)考核挂钩措施

目标管理考核按镇乡(街道)分类进行考核、排名,考核结果实现"三挂钩":一是与区委、区政府对各镇乡(街道)领导班子和领导干部政绩考核、领导干部和公务员评先评优相挂钩;二是与目标管理考核优胜和单项工作先进评比相挂钩;三是与镇乡(街道)目标管理考核奖相挂钩。

(二)考核奖金发放

各镇乡(街道)根据人口规模、地域面积适当增加奖金分配系数,每 1 万人口增加 0.4% 系数,每 10 平方公里增加 0.2% 系数。考核奖发放,分为统一发放和自定发放两部分,各占本单位年终考核奖的 70% 和 30%,其中 70% 部分按考核奖增发比例和发放办法统一发放,30% 部分由各镇乡(街道)综合个人年终考核情况、平时工作表现和群众评议情况来发放。发放的目标管理考核奖依据职级确定职务系数,另外各职务层次人员的所获奖金级差适当拉开差距,保证效果,具体发放办法及职务系数确定参照区级机关目标管理考核办法执行。

四、奖项设置

(一)优胜奖

根据年末考核总分,分类前两名获目标管理考核优胜奖,并对领导班子成员予以奖励。目标管理考核优胜奖评选实行"四个一票否决",即:党委书记述职列后三名"一票否决",科学发展竞赛退位"一票否决",发生重大社会不稳定事件"一票否决",领导班子成员发生违法违纪案件"一票否决"。

(二)单项工作先进奖

镇乡(街道)目标管理考核设现代农业发展、城镇建设、新村建设、文明创建、基层党建、信访工作、安全生产、人口和计划生育、人民武装工作九个单项工作先进奖,各类奖项在三个类型的分配名额原则上按1:1:1比例确定。原设立的工业发展、开放型经济发展、科技进步、项目建设、社会管理综合治理等奖项已整合到相关奖项中,在相关会议上表彰。

五、考核实施

镇乡(街道)目标管理考核以年终实绩为评分依据。对量化指标的考核,以年度统计数据为依据;对非量化指标考核,以各项工作完成情况为依据。

附件1.1

2019年度镇乡(街道)目标管理考核指标设置及权重分配表

总分200分

类别	指标	基本分			考核责任单位	备注
		一类	二类	三类		
发展质量提升	1.地区生产总值	8	8	8	统计局	另增:统计工作2分
	2.财政一般预算收入	8	8	8	财政局	另增:国资管理3分
	3.全社会固定资产投资	8	8	8	发改局	另增:重点工程重大项目建设配合工作2分
	4.招商引资	6	6	5	投资合作局	
	5.工业经济发展	8	8	5	经信局	另增:品牌建设、标准制定和规模企业培育,各2分
	6.高新技术产业发展	8	8	5	科技局	另增:授权专利3分,新增高新技术企业、工程技术中心、科技工作,各2分
	7.开放型经济发展	6	6	4	商务局	另增:商贸民生工作2分
	8.现代服务业发展	8	6	4	发改局、商务局	
	9.现代农业发展	2	4	7	农林局	另增:村务财务管理2分

续 表

类别	指标	基本分			考核责任单位	备注
		一类	二类	三类		
建设质量提升	1."美丽镇村·幸福家园"建设	6/6	6/6	6/6	农办、住建局（镇村办）	
	2. 农村工作	4	4	5	农办	
	3. 道路交通建设	5	5	5	交通局	
	4. 水利工作	3	3	3	水利局	
	5. 城市管理	4	4	4	城管局	另增：城管行政执法2分，"三改一拆"5分
文化质量提升	1. 宣传思想建设	6	6	6	宣传部	另增：文化产业发展2分
	2. 文明创建	4	4	4	文明办	
	3. 文化工作	5	5	5	文广局	另增：全国公共文化示范区建设2分
	4. 教育工作	5	5	5	教育局	
	5. 卫生工作	5	5	5	卫生局	另增：红十字工作2分
生活质量提升	1. 就业和社会保障	5	5	5	人社局	
	2. 民政工作	3	3	3	民政局	另增：养老事业3分
	3. 人口与计划生育	4	4	4	计生局	
	4. 残联工作	2	2	2	残联	
	5. 关心下一代工作	2	2	2	关工委	
	6. 流动人口服务管理	2	2	2	流动人口办公室	
	7. 食品药品监管	3	3	3	药监局	
	8. 安全生产	5	5	5	安监局	
	9. 人民调解工作	2	2	2	司法局	另增：普法依法治理2分
生态质量提升	1. 生态建设	6	6	13	环保局	
	2. 环境整治	2	2	2	文明办	
	3. "森林XX"建设	2	2	2	森林XX办	
	4. 土地管理	5	5	5	国土资源分局	

续 表

类别	指标	基本分			考核责任单位	备注
		一类	二类	三类		
执政能力建设	1. 党风廉政建设	6	6	6	纪委（监察局）	另增："三思三创"6分
	2. 组织建设	6	6	6	组织部	
	3. 人才工作	3	3	3	组织部（人才办）、人社局	另增：国家级"千人计划"人才每新增一名加3分，省级每新增一名加2分
	4. 社会管理综合治理	5	5	5	综治办	
	5. 信访工作	5	5	5	信访局	
	6. 信访积案化解	4	4	4	信访局	
	7. 行政服务和公共资源交易	3	3	3	审管办	
	8. 统战工作	2	2	2	统战部	
	9. 工会工作	2	2	2	总工会	另增：和谐企业创建2分
	10. 共青团工作	2	2	2	团区委	
	11. 妇联工作	2	2	2	妇联	
	12. 人武工作	2	2	2	人武部	
附加分	信息、新闻、调研、值班、督查、机构编制、史志、档案、电子政务、"质量强区"建设、公共机构节能，各2分；依法行政、政府信息公开、保密工作，各1分				区委办、区政府办、宣传部、政研室、法制办、党史办、档案局、编办、质监分局、机关事务局、机要局	
奖励分	1. 党委书记述职列前六名加2分				组织部	
	2. 各项工作以镇乡（街道）名义受到市委、市政府（省级部门）表彰的每起加1分，受到省委、省政府（或中央部委）表彰的每起加3分。党政工作创新受到市级及以上领导批示或试点推广的，每起加0.5分				政研室	
	3. 新增上市企业每家加2分，新增拟上市企业每家加0.5分				金融办	

附件 2

2019 年度镇乡（街道）目标管理考核部门记分细则

一、基本分考核项目

（一）发展质量提升指标

1. 地区生产总值（8 分，另增统计工作 2 分），由统计局负责考核。（1）地区生产总值：按照目标管理考核计分办法计算，最高可加基本分的 1.6 倍。（2）统计工作：根据《2013 年度镇乡（街道）统计调查工作考评办法》（鄞统〔2013〕2 号）文件实施，1—7 名的得 2 分，8—15 名的得 1.7 分，16—23 名的得 1.5 分。

2. 财政一般预算收入（8 分，另增国资管理 3 分），由财政局、国资办负责考核。（1）财政一般预算收入：按照目标管理考核计分办法计算，最高可加基本分的 1.6 倍。（2）国资管理：①健全管理机构，0.45 分；②加强基础管理，0.6 分；③规范国有资产处置，0.6 分；④建立健全责任制，0.3 分；⑤规范国有房产和债务管理，0.75 分；⑥推进信息化管理，0.3 分。

3. 全社会固定资产投资（8 分，另增重点工程重大项目配合工作 2 分），由发改局负责考核。（1）全社会固定资产投资：按照《XX 区 2013 年固定资产投资和重点工程建设目标管理考核办法》（鄞党办〔2013〕49 号）文件实施。（2）重点工程重大项目配合工作，2 分。

4. 招商引资（一类镇乡 6 分、二类镇乡 6 分、三类镇乡 5 分），由投资合作局负责考核。（1）外资：一类镇乡 4 分、二类镇乡 4 分、三类镇乡 3 分，以同类型镇乡实绩平均指标完成率的 60% 为基数，达到基数的得基本分，每超（减）10 个百分点，加（减）基本分的 10%；"以民引外、以外引外、厂房租赁"三项合计占实到外资总额的 30% 加 2 分，每增加 5% 加 0.2 分；最高可加基本分的 1.6 倍，得分在基本分 80% 以下的，如能积极配合全区招商工作，可加至基本分的 80%。（2）内资（2 分）：以同类型镇乡实绩平均指标完成率的 60% 为基数，达到基数的得基本分，每超（减）10 个百分点，加（减）0.1 分；引进 500 万元、1000 万元、5000 万元以上项目，另加 0.2 分、0.5 分、1 分；支持浙商创新创业有实际成效的加 0.5—1 分；最高可加基本分的 1.6 倍，得分在基本分以下的，如能积极配合全区招商工作，可加至基本分。

5. 工业经济发展(一类镇乡 8 分、二类镇乡 8 分、三类镇乡 5 分,另增品牌建设、标准制定和规模企业培育各 2 分),由经信局负责考核。(1)规上工业销售/劳动生产率:一类镇乡 3/1 分、二类镇乡 3/1 分、三类镇乡 2/1 分,按照目标管理考核计分办法计算,分项得分最高可加基本分的 1.6 倍。(2)工业投入:一类镇乡 2 分、二类镇乡 2 分、三类镇乡 1 分,具体按照目标管理考核计分办法计算,按财务到位数计算,对本年度单个项目投入在 2000 万元、5000 万元、1 亿元以上的,另加 0.5 分、1 分、2 分,分项得分最高可加基本分的 1.6 倍。(3)信息化:一类镇乡 1 分、二类镇乡 1 分、三类镇乡 0.5 分。有列入区级及以上信息化项目的得基本分,有区级、市级、国家级项目的另加 0.5 分、1 分、1.5 分,分项得分最高可加基本分的 1.6 倍。(4)节能降耗:一类镇乡 1 分、二类镇乡 1 分、三类镇乡 0.5 分,完成节能降耗目标任务的得基本分,未完成任务的不得分。(5)另增:①新增国家级驰名商标,每家加 1.5 分;新增省著名商标或省名牌产品,每只加 0.5 分(由工商分局、质监分局提供数据)。②标准制订,根据主持或参与制订行业标准情况得分(由质监分局提供数据)。③规上工业企业完成任务得 1 分,每增(减)1 家加(减)0.2 分;工业销售上亿企业完成任务得 1 分,每新增 1 家加 1 分。以上指标最高各限加 2 分。

6. 高新技术产业发展(一类镇乡 8 分、二类镇乡 8 分、三类镇乡 5 分,另新增高新技术企业、工程技术中心、科技工作各 2 分,授权专利 3 分),由科技局负责考核。(1)高新技术增加值占规上工业增加值比重:一类镇乡 3 分、二类镇乡 3 分、三类镇乡 2 分,完成全年目标任务得基本分,未完成的按比例减分,每增加 0.2 个百分点加 0.2 分,最高可加 1.6 倍。(2)R&D 经费占 GDP 比重:一类镇乡 3 分、二类镇乡 3 分、三类镇乡 2 分。完成目标任务的得基本分,未完成的按比例减分,每增加 0.1 个百分点加 0.4 分,最高可加 1.6 倍。(3)科技合作:一类镇乡 2 分、二类镇乡 2 分、三类镇乡 1 分,完成科技合作正式签约项目、技术需求项目及市级以上科技进步奖申报项目年度目标任务数的得基本分,未完成任务的按比例减分,每增加 1 项加 0.2 分,最高可加 1.6 倍。(4)另增:①高新技术企业完成年度目标任务的得 1 分,每增一家加 1 分,最高 2 分。②每增一家企业工程技术中心国家级(包括省级企业研究院)得 2 分、省级 1 分、市级 0.5 分,最高 2 分。③科技工作:根据镇乡科技进步目标考核结果,按比例得分(鄞科〔2013〕25 号文件),最高 2 分。④专利工作:完成年度专利授权目标任务得 1 分,每超过年度目标 5% 加 0.1

分,最高加0.5分;完成年度发明专利申请目标任务得1分(未完成的不得分),每超过年度目标5%加0.1分,最高加0.5分。

7.开放型经济发展(一类镇乡6分、二类镇乡6分、三类镇乡4分,另增商贸民生工作2分),由商务局负责考核。(1)开放型经济工作:一类镇乡外贸3分、外经1.5分、外包1.5分;二类镇乡外贸3分、外经1.5分、外包1.5分;三类镇乡外贸2分、外经1分、外包1分。具体根据《关于印发2013年XX区开放型经济评价及实施办法的通知》(鄞政办发〔2013〕63号)文件实施。外贸、外经、外包工作完成目标任务的,在得基本分的基础上另加1.0N,其中每类镇乡得分前二名的分别在得基本分的基础上另加1.6N、1.3N。(2)商贸民生工作:商贸经济发展与管理创新1分、市场建设与供应保障1分,具体根据《关于印发2018年XX区商贸流通工作考核评价实施办法的通知》(鄞政办发〔2013〕62号)文件实施。

8.现代服务业发展(一类镇乡8分、二类镇乡6分、三类镇乡4分),由发改局负责考核。(1)服务业增加值及增幅:一类镇乡服务业增加值达到同类型平均实绩的60%、增幅达到12%,各得基本分1.5分;二类镇乡服务业增加值达到同类型平均实绩的60%、增幅达到10%,各得基本分1分;三类镇乡服务业增加值达到同类型平均实绩的60%、增幅达到8%,各得基本分0.5分。(2)消费品零售总额及增幅:一类镇乡消费品零售总额达到同类型平均实绩的60%、增幅达到17%,各得基本分1分;二类镇乡消费品零售总额达到同类型平均实绩的60%、增幅达到15%,各得基本分0.75分;三类镇乡消费品零售总额达到同类型平均实绩的60%、增幅达到13%,各得基本分0.5分。(3)服务业固定资产投资及增幅:一类镇乡服务业固定资产投资达到同类平均实绩的60%、增幅达到20%,各得基本分1分;二类镇乡服务业固定资产投资达到同类平均实绩的60%、增幅达到18%,各得基本分0.75分;三类镇乡服务业固定资产投资达到同类平均实绩的60%、增幅达到13%,各得基本分0.5分。(4)上述三项指标,总量每高于(低于)同类型镇乡考核指标的10%,加(减)0.2倍;增幅每高于(低于)考核指标1个百分点,加0.3倍(减0.2倍),最高可加1.6倍,最低扣完基本分。(5)服务业推进工作。完成区服务业联席会议办公室安排的各项工作,得基本分1分。获得市级以上服务业先进、服务业质量建设、服务业大项目推进及二、三产业分离等工作突出的,予以加分。

9.现代农业发展(一类镇乡2分、二类镇乡4分、三类镇乡7分,另增村务财务管理2分),由农林局负责考核。(1)效益农业:一类镇乡0.4分,二类镇乡0.6分,三类镇乡1分。(2)粮食生产:一类镇乡0.3分,二类镇乡0.6分,三类镇乡1分。(3)动物防疫:一类镇乡0.3分,二类镇乡0.6分,三类镇乡1分。(4)农产品质量安全:一类镇乡0.4分,二类镇乡0.6分,三类镇乡1分。(5)农机管理:一类镇乡0.3分,二类镇乡0.6分,三类镇乡1分。(6)森林防火:二类镇乡0.6分,三类镇乡1分。(7)土地流转:一类镇乡0.3分,二类镇乡0.4分,三类镇乡1分。(8)另增:村务财务管理2分。

(二)建设质量提升指标

1."美丽镇村·幸福家园"建设(12分,农办6分、住建局6分),按照《XX区2013年度旧村改造新村建设工作考核办法》(鄞党办〔2013〕33号)文件实施。

2.农村工作(一类镇乡4分、二类镇乡4分、三类镇乡5分),由农办负责考核。(1)欠发达村扶持:一类镇乡,二类镇乡1分,三类镇乡2分;(2)"农家乐"管理1分;(3)低收入农户增收1分;(4)农民培训0.5分;(5)农村指导员工作0.5分。

3.道路交通建设(5分),由交通局负责考核。(1)交通主干道项目前期工作2分;(2)农村联网公路建设、管理2分;(3)乡村公路管理、养护工作1分。

4.水利工作(3分),由水利局负责考核。(1)健全防汛组织机构,开展防汛检查和预案演练,完成防汛隐患排除,建立齐全抢险队伍,储备必要防汛抢险物资,1分。(2)河面保洁率100%,经费配套到位,保洁效果好,0.5分。(3)主动配合水政监察执法工作,水事违法案件发生率低,0.5分。(4)按时完成工程项目政策处理,有专人负责,0.5分。(5)工程施工质量、安全、进度有保证,按时完成竣工验收、提供竣工资料,及时完成审计、资金使用合理,0.5分。

5.城市管理(4分,另增城管行政执法2分、"三改一拆"5分),由城管局负责考核。(1)城市管理:城管组织管理0.4分,城管工作争先创优0.6分,城管队伍建设1.6分,城市环境卫生1.2分,排水管理0.2分。(2)另增:①城管行政执法:城管行政执法效果1分,城管案件办理1分。②"三改一拆":考核文件另行制定。

(三)文化质量提升指标

1.宣传思想建设(6分,另增文化产业发展2分),由宣传部负责考核。

(1)深入学习宣传党的十九大精神,广泛开展形势政策任务教育、群众路线教育,强化党委中心组学习工作,加强理论阵地、队伍、品牌建设,规划建设好农村文化礼堂,1.5分。(2)加强新闻宣传工作,抓好重大先进典型推荐报送工作,办好镇乡(街道)新闻专版,做好党报党刊征订发行工作,1分。(3)加强网络文化建设,强化属地网络队伍和处置机制建设,做好区域网上宣传和发布工作,有效应对网上突发事件,1分。(4)大力推进品牌文化建设,不断创新宣传思想文化工作,深入实施"天天系列"文化惠民工程,1.5分。(5)强化基层宣传文化力量配备,及时报送宣传思想文化工作信息,1分。(6)另增:文化产业2分。①文化产业增加值和增速,1分。②新增注册资本在300万以上文化企业家数和新增规上企业家数,0.5分。③做好文化企业普查和统计申报,配合做好文化产业基地园区申报和其他相关工作,0.5分。

2. 文明创建(4分),由文明办负责考核。(1)积极开展省文明区创建,圆满完成创建任务,1.5分。(2)持续开展"寻找身边最美"活动,挖掘、推荐、宣传"XX好人",培育公益性社会组织,开展志愿服务,1分。(3)开展"共育和美文化·同创文明XX"系列活动,0.5分。(4)认真做好文明镇乡(村、单位、社区)、"春泥计划"示范村、乡村学校少年宫等创建及管理,深化"和美家园"常态化建设,1分。

3. 文化工作(5分,另增全国公共文化示范区创建2分),由文广局负责考核。(1)公共文化2分。(2)体育1分。(3)文化市场1分。(4)文化产业与文物文博1分。(5)另增:全国公共文化示范区创建2分。

4. 教育工作(5分),由教育局负责考核。具体按照《2013年度XX区镇乡(街道)教育现代化督导评估方案》实施。

5. 卫生工作(5分),由卫生局负责考核。(1)卫生工作纳入党委、政府工作内容,有年度工作计划和基本公共卫生服务均等化措施,定期开展公共卫生检查考核,0.1分。(2)有效预防和控制主要传染病及慢性病,做好免疫预防接种工作,积极创建应急示范镇乡(街道),强化精神病患者管理,1.1分。(3)当地孕前优生检测率实现80%以上比例、孕产妇产前筛查率达到90%以上、新生儿疾病方面的筛查率达95%以上;持续开展妇女健康促进工程,受检率达45%以上,无非法接生和孕产妇死亡,0.5分。(4)做好流动人口公共卫生服务管理工作,0.4分。(5)持续开展爱国卫生、卫生镇乡(办事处)、卫生村、卫生先进组织创建活动,开展城乡环境卫生整洁行动,完成无偿献血任务,0.5分。(6)协助做好卫生监督工作,无职业危害、非法行医致死致残事件发生,0.3分。(7)按时完成农医保工作各项指标任务,组织参保人员免费健康体检,60周岁以上老人体检率达80%以上,0.2分。(8)完善社区卫生服务机构运行管理机制,打击医闹,0.4分。(9)严格执行国家基本药物制度,控制门诊均次费用和门诊药品定额,户籍人口电子化建档率95%以上,外来常住人口50%以上,0.5分。(10)卫生经费纳入年初预算,不低于规定标准;社区卫生服务机构人员经费按规定足额到位;卫生院标准化建设配套经费按比例足额到位;落实农村医疗保险配套资金,1分。(11)另增:红十字工作2分,由红十字会负责考核。

(四)生活质量提升指标

1.就业和社会保障(5分),由人社局负责考核。具体按照《关于对2013年度各镇乡(街道)就业和社会保障工作实行目标管理考核的通知》(鄞人社〔2013〕48号)文件实施。

2.民政工作(3分,另增养老事业3分),由民政局负责考核。(1)社会救助:低保工作管理规范,0.2分;贫困重度残疾人生活保障,0.2分;农村五保和"三无"对象集中供养达到标准,0.2分;困难群众医疗、住房、教育及临时社会救助有效开展,0.3分。(2)优抚安置:优抚政策有效落实,重点优抚对象"三难"问题得到解决,0.2分;农村籍退伍义务兵安置政策有效落实,0.2分;退伍军人台账、数据库完善,0.2分;优抚对象稳定工作,0.2分。(3)社会事务管理:农村社区服务中心建设,0.2分;村务公开民主管理,0.2分;钦寸水库移民安置及后期工作,0.2分。(4)殡葬工作:遗体火化率达到100%,落实生态墓葬及免费火化政策,0.3分。(5)老龄工作:农村老年人协会规范化建设,0.2分;落实涉老优惠政策,推进农村老年福利服务星光计划,0.2分。(6)另增:养老事业3分。①明确养老服务工作分管领导,落实养老服务工作人员及负责人,1分;②建设镇、村两级老年乐园,并按季度上报工程进度,加强区域内养老服务机构的监管,规范登记、备案制度,1分;③完成"居家养老服务站"建设任务,并开展实质性居家养老服务,培育志愿者队伍,1分。

3.人口与计划生育(4分),由人口计生局负责考核。(1)计划生育率0.5分。(2)出生性别比治理0.5分。(3)领导重视(利益导向、经费投入、队伍建设和协会建设)1分。(4)基础管理(依法行政、统计质量、信息化建设)1分。(5)宣传教育与优质服务0.5分。(6)流动人口0.5分。

4. 残联工作(2分),由残联负责考核。(1)组织扶贫,0.3分。(2)就业培训(托安养),0.3分。(3)康复工作,0.4分。(4)宣传文体信访,0.3分。(5)特色工作,0.2分。(6)完成承办工作,0.2分。(7)残疾人稳定工作,0.3分。

5. 关心下一代工作(2分),由机关工委负责考核。(1)组织班子建设,0.4分。(2)骨干队伍建设,0.4分。(3)制度健全,0.4分。(4)活动效果,0.4分。(5)探索创新,0.4分。

6. 流动人口服务管理(2分),由流动人口办公室负责考核。按照《关于对镇乡(街道)2013年流动人口服务管理工作实施目标管理考核的通知》(X政办发〔2018〕75号)文件实施。

7. 食品药品监管(3分),由食品药品监管分局负责考核。(1)食品安全委员会组织齐全,责任科室明确,配备专职的食品药品安全专管员,0.2分。(2)食品药品安全工作列入党委、政府议事日程、经费列入财政预算,与相关单位签订食品药品安全目标管理责任书,纳入社区、村考核范围,0.4分。(3)健全农村公共安全协管员、食品安全监督志愿者队伍,并组织开展一次培训、组织志愿者活动,0.2分。(4)对种养殖、生产加工、流通和餐饮服务等环节开展食品安全监管,0.8分。(5)开展食品药品安全隐患大排查、大清理,确保不发生食品药品安全事故和严重不良事件,0.4分。(6)推进学生饮食安全工程、城镇菜市场初级农产品持证经营、健全食品安全网格化管理等食品安全管理工作,0.2分。(7)持续开展食品药品安全标杆镇乡(街道)创建,健全食品药品安全方面的"四无社区(村)",进而创建长效管理,0.2分。(8)深化农村药品"两网一规范"建设,农村卫生室药品配送覆盖面达100%,医疗机构达到"规范药房"标准,0.2分。(9)健全食品药品安全应急处理预案,加强应急队伍建设,0.2分。(10)做好宣传和信息报送工作,0.2分。

8. 安全生产(5分),由安监局负责考核。(1)事故死亡人数与直接经济损失指标,1分;(2)较大以上事故指标,1分;(3)安全生产管理工作,3分。

9. 人民调解工作(2分,另增依法普法治理2分),由司法局负责考核。(1)人民调解:①硬件建设,0.4分;②队伍建设,0.3分;③制度建设,0.3分;④业务工作,0.6分;⑤台账资料,0.2分;⑥规范化创建,0.2分。(2)依法普法治理:①组织领导,0.2分;②法治政府,0.1分;③法制阵地,0.2分;④法制宣传,0.6分;⑤依法治理,0.5分;⑥信息档案,0.2分;⑦其他工作,0.2分。

(五)生态质量提升指标

1. 生态建设(一类镇乡6分、二类镇乡6分、三类镇乡13分),由环保局负责考核。(1)生态环保工作:一类镇乡2分、二类镇乡2分、三类镇乡5分,按《生态环保工作任务书》制定年度计划,完成目标的得基本分,根据实绩酌情加(减)分。(2)环境整治工作:一类镇乡2分、二类镇乡2分、三类镇乡5分,严格项目把关、工业污染防治、固体废物管理、辐射污染控制及环境综合整治工作,加大环保基础设施投入,强化分散式生活污水处理设施的维护运行,按要求完成禁燃区、集中式污水管网工作的得基本分,根据实绩酌情加(减)分。(3)环境污染事件处理:一类镇乡2分、二类镇乡2分、三类镇乡3分,严格环境监管,及时处理环境污染事件,无重大群体性或群访事件的得基本分,根据实绩酌情加(减)分。

2. 环境整治(2分),由文明办负责考核。(1)开展环境大整治活动,推进环境卫生长效管理,1分。(2)推进高速公路沿线环境综合整治工作,1分。

3. "森林XX"建设(2分),由森林XX建设办公室负责考核。具体考核办法另行制定。

4. 土地管理(5分),由国土资源分局负责考核。(1)做好土地节约集约利用工作,积极开展标准厂房建设,集中规划建设一个以上小微企业工业园,严格执行建设项目双控指标规定,0.4分。(2)加快土地供应速度,前三年平均供地率分别达到90%、80%、60%,0.5分。(3)加强项目批后监管,按要求完成闲置土地处置工作,0.4分。(4)按时做好征地报批工作,0.4分。(5)按时做好拆迁实施方案报批及征收集体土地房屋拆迁相关工作,0.2分。(6)实施土地利用总体规划,确保三保量(耕地保有量、基本农田保护面积、标准农田应有量)应保尽保,0.4分。(7)按要求完成开发造地任务,0.2分。(8)完成农村土地综合整治任务的,0.4分。(9)按要求完成高标准基本农田建设任务,0.2分。(10)当年违法占用耕地面积占新增建设用地占用耕地面积未超过5%的1分,5%~10%的不得分,超过10%的倒扣1分。(11)当年发生、查处违法用地占全区5%以下且在一个月内按标准复耕并通过验收的0.4分,5%~10%的不得分(如在一个月内按标准复耕并通过验收得0.2分),超过10%的倒扣1分(如在一个月内按标准复耕并通过验收的不扣分)。(12)积极配合涉土信访案件调处,信访案件办结率95%以上,0.5分。

(六)执政能力建设指标

1.党风廉政建设(6分,另增"三思三创"6分),由纪委(监察局)负责考核。具体根据《关于印发〈2018年度镇乡(街道)纪检监察工作考核内容及评分标准〉的通知》文件考核。另增:"三思三创"6分,由"三思三创"办公室负责,具体考核文件另行制定。

2.组织建设(6分),由组织部负责考核。具体根据《关于印发〈2013年度镇乡(街道)党(工)委党建工作目标考核办法〉的通知》文件实施。

3.人才工作(3分,另增"千人计划"附加分),由组织部(人才办)、人社局负责考核。(1)人才开发公共服务,0.75分。(2)人才和智力引进,0.9分。(3)智力合作平台建设,0.9分。(4)人才培养,0.45分。(5)"千人计划"附加分:每增加国家级"千人计划"人才一名加3分、省级加2分。

4.社会管理综合治理(5分),由综治办负责考核。(1)社会治安重点地区和突出治安问题排查整治成效显著,社会治安秩序较好,无恶性案(事)件发生,1分;(2)社会服务管理中心规范化建设推进有力,组织机制健全,运作高效规范,1分;(3)"网格化管理、组团式服务"全面覆盖、运作正常、作用明显,1分;(4)基层社会管理信息系统运行正常,台账资料电子化,1分;(5)基层系列平安创建进一步深化,宣传教育力度大,群众安全感满意度和平安建设参与率、知晓率高,1分。

5.信访工作(5分),由信访局负责考核。具体根据《2018年度XX区信访工作绩效考核评分办法》文件实施。

6.信访积案化解(4分),由信访局负责考核。(1)积案化解基础工作,1.6分。(2)积案化解绩效,2.4分。

7.行政服务和公共资源交易(3分),由审管办负责考核。(1)公共事务服务:①领导重视,公共事务服务中心建设列入党委、政府议事日程,0.1分;②实行窗口式服务,大厅面积能满足需要,办公设施完善,0.2分;③服务事项统一进驻(区级基层站所项目进驻中心的,酌情加分),0.3分;④人员配备符合要求,窗口服务规范,接受服务对象评议,0.1分;⑤健全内部管理制度,0.1分;⑥建立项目代办制度,明确项目代理员,0.1分;⑦办件数及信息上报及时,0.1分。(2)公共资源交易:①交易制度健全,人员到岗到位,经费有保障,有固定交易场所,交易设施完善,0.1分;②招标信息发布、文本编制及招标操作过程规范,监督机制、投诉处理机制健全,档案完整,0.3分;③招投标法律、法规及政策执行良好,亮点突出,标后管理有创新,公共资源交易项目有拓展,邀请招标控制严格,并自觉接受监督指导,0.5分;④备案资料,每月交易量及信息上报及时、准确,0.1分。(3)公共事务受理中心:①领导重视,有分管领导和责任人,0.3分;②及时处理区公共事务受理中心转办的群众投诉、咨询事务,0.5分;③及时上报信息;0.2分。

8. 统战工作(2分),由统战部负责考核。(1)统战工作组织健全,领导分工明确、职责落实,统战工作网络齐全、社团组织建设好,0.6分;(2)党委、政府领导熟悉统战政策,统战干部对统战工作情况明、底子清。党外代表人士、民族宗教、非公经济领域、港澳台海外统战等工作有计划、有落实、有督促、有台账,0.6分;(3)认真贯彻落实区委《关于进一步加强和推进统一战线工作的意见》精神,完成统战工作年度和阶段性工作,无政策性偏差,保持统一战线和谐稳定,0.8分。

9. 工会工作(2分,另增和谐企业创建2分),由总工会负责考核。(1)工会工作:①开展"六强"达标、示范工会创建活动,实现"双亮"活动全覆盖,工会重点工作列入党政工作考核内容,0.5分;②开展"工人先锋号"创建、重点工程立功竞赛、金点子征集和职工培训工作,开展学习型企业创建活动,全面推进企业文化建设,0.5分;③开展"三个普遍"提升年活动,企业法人单位建会率达97%,规模以上企业职代会建制率达90%,职工人数50人以上企业普遍开展工资集体协商,0.5分;④完善劳动争议联合调解机制,规模以上企业实现全覆盖,推进基层工会职工服务站点建设,职工人数200人以上企业普遍建立,深化"职工幸福提升行动",规模以上企业开展工作面50%以上,0.5分。(2)另增:和谐企业创建2分。①党政重视、组织健全、制度完善、责任落实,扎实开展创建活动,有计划、有方案、有台账,1分;②扩大创建覆盖面,促进创建成效向中小微企业辐射,单建工会创建率94%以上,0.5分;③抓好动态管理,做好复查复评工作,严格执行"一票否决制"和"督查整改制",做好跟踪帮促工作,创建活动成效显著,0.5分。

10. 共青团工作(2分),由团区委负责考核。(1)党委有专人分管团工作,一年2次以上听取汇报,落实专项工作经费,0.5分。(2)推进"新农村·新青年"人才发展计划,开展青年创业就业培训、推进青年创业小额贷款和创业见习工作;做好信息、宣传报送,0.5分。(3)健全志愿服务体系、培育引导青年公益性社会组织;深化共青团万人万岗参与社会管理创新;加强青少年思想引导、预防青少年违法犯罪,0.5分。(4)做好非公企业团组织换届,推进非公企业"青春党建";完善团内民主,做好"双推"工作,探索青年自组织、商会、行业协会、互联网等领域的团建,规模以上非公企业团组织组建率达100%,0.5分。

11. 妇联工作(2分),由妇联负责考核。加强两新妇女组织规范化建设,开展"巾帼文明岗""巾帼示范村(社区)"创建,开展以清洁村庄、美化庭院为主要内容的美丽乡村共建行动;实施"母亲素养工程""妇女健康提升工程"及"巾帼创业创新工程";开展"平安家庭""文明家庭"等特色家庭创建;做好女性推优推先工作,保证女性参政议政比例;加强未成年人思想道德建设,提高家庭教育普及率;规范维权站室建设,深化巾帼维稳志愿者队伍创建,维护妇女儿童合法权益;加大妇女工作宣传力度。

12. 人武工作(2分),由人武部负责考核。考核内容分党管武装、能力素质、组织落实、政治落实、训练落实、战备落实、基层建设、征兵工作等八项。具体根据《2013年XX区基层武装工作目标考核实施细则》文件实施。

二、附加分

信息、新闻、调研、值班、督查、机构编制、史志、档案、电子政务、"质量强区"建设、公共机构节能,各2分。依法行政、政府信息公开、保密工作,各1分。由区委办、区政府办、宣传部、政研室、法制办、党史办、档案局、编办、质监分局、机关事务局、机要局负责考核。

三、奖励分

(一)党委书记述职列前六名加2分,由组织部负责。

(二)各项工作以镇乡(街道)名义受到市委、市政府(省级部门)表彰的每起加1分,受到省委、省政府(中央部委)表彰的每起加3分。党政工作创新受到市级及以上领导批示或试点推广的,每起加0.5分。由政研室负责。

(三)新增上市企业每家加2分,新增拟上市企业每家加0.5分。由金融办负责。

四、其他

(一)各部门文件与本文不一致的,以本文精神为准。

(二)本细则由区委区政府政策研究室负责解释。

附件3

X市政府绩效管理条例

(2019年3月26日X市第十三届人民代表大会常务委员会第十五次会议通过,2019年6月12日X省第十一届人民代表大会常务委员会第十次会议批准)

第一章 总则

第一条 为了改进政府管理,提高行政效能,提升公共服务水平,促进科学发展,结合本市实际,制定本条例。

第二条 市人民政府所属工作部门以及区、县(市)人民政府及其所属工作部门(以下简称政府及部门)的绩效管理适用本条例。

第三条 本条例所称政府绩效管理是指根据政府及部门发展目标和履行的职能设定绩效目标。并对目标实施结果进行系统评估以达到政府及部门绩效不断提升的管理过程。

第四条 政府绩效管理应当坚持科学发展观,遵循科学规范,公开公平,注重实绩、社会参与的原则,促进公共服务水平和质量持续提高。

第五条 市人民政府负责本条例的组织实施。

区、县(市)人民政府负责本地区的绩效管理工作。

本级人民政府负责绩效管理工作的机构(以下简称绩效管理机构),具体承担下列工作:

(一)组织制定、审核绩效计划。

(二)指导、监督绩效管理工作的实施。

(三)受理、复核不服绩效评估结果的申诉。

(四)本级人民政府交办的绩效管理的其他工作。

第六条 绩效管理机构工作人员应当具备与其从事的绩效管理工作相适应的专业知识和业务能力。

市和区、县(市)人民政府应当有计划地做好绩效管理机构,工作人员的教育、培调和考核工作。

第二章　绩效计划

第七条　政府及部门应当根据本地区经济社会发展规划,制定中长期绩效管理计划。中长期绩效管理计划期限一般为三至五年。

区、县(市)人民政府制定的本地区经济社会发展五年计划含有政府绩效管理内容的,可以不再另行制定中长期绩效管理计划。

第八条　中长期绩效管理计划应当包括以下内容:

(一)主要职能和所承担的工作任务概述。

(二)完成主要职能和工作的总目标和具体指标。

(三)影响目标和工作任务的关键因素分析。

(四)完成目标任务的方法、措施和进度。

第九条　政府及部门应当根据中长期绩效管理计划及本地区经济社会发展年度计划,制定年度绩效计划。

第十条　年度绩效计划应当包含以下内容:

(一)设定年度绩效目标的主要依据。

(二)本年度绩效目标及其评估标准。

(三)实现本年度绩效目标的方法和措施。

第十一条　制定中长期绩效管理计划和年度绩效计划应当广泛听取社会公众意见、建议,并报绩效管理机构审核,按照管理权限,经批准后组织实施。

经批准的绩效计划应当向社会公布。

第十二条　绩效管理机构认为年度绩效计划有不符合本地区经济社会发展计划、未能全面履行职能等情形的,应当向制定绩效计划的政府及部门反馈意见并沟通,取得一致意见后,由制定绩效计划的政府及部门修改计划。

社会公众对绩效计划有意见、建议的,可以向绩效管理机构提出,由绩效管理机构按照前款规定向政府及部门反馈并进行沟通。

第十三条　因政府重大政策调整或者不可抗力因素的影响,年度绩效计划需要修改的,应当经绩效管理机构审核。

第十四条　政府及部门应当按照年度绩效计划实施绩效管理,定期自查和监测,及时发现和解决问题,持续改进管理,提高工作效率和质量。

绩效管理机构应当有计划地组织有关专家,为政府及部门实施绩效计划提供指导和咨询服务。

第三章 绩效评估

第十五条 对政府及部门履行职能,实现绩效目标的实绩和效果,应当按照科学、规范、系统的指标体系和评估程序定期进行评估。

第十六条 政府绩效评估指标体系应当满足全面评价政府及部门绩效状况的需要,客观反映评估对象履行职能、实现绩效目标的实绩和效果。

第十七条 绩效评估内容应当依据本市的发展战略和工作重点、政府职能、公众需求及不同部门、地区的工作特点和实际状况确定。

第十八条 区、县(市)人民政府的绩效评估内容应当包含经济建设、政治建设、文化建设、社会建设、自身建设五个方面。

政府所属工作部门的绩效评估内容应当包含行政成本、工作实绩、社会效果三个方面。

第十九条 政府及部门应当遵循定量与定性相结合、可测性与可比性相结合、过程与结果相结合的原则,将绩效评估内容分解细化为具体的评估指标,并根据评估指标的类别、性质和功能,确定评估权重、评估方法和评估标准。

第二十条 对本地区经济社会有重大影响、涉及公众利益、关系民生或者需要较大公共财政投入等下列事项,应当实行专项绩效管理:

(一)规范性文件的制定与实施。

(二)开发、建设项目的立项、审批与实施。

(三)政府惠民行动计划的制定与实施。

(四)其他应当实行专项绩效管理的事项。

第二十一条 绩效管理机构应当对政府及部门实施绩效目标的情况进行监督检查,并提供咨询和指导。

第二十二条 绩效评估应当按照年度进行,并按照下列程序实施:

(一)制定评估工作方案。

(二)评估动员和前期准备。

(三)自我测评。政府及部门依据既定的评估指标和评估标准,对绩效目标及职责的完成情况进行自我测评,撰写绩效自评报告,提交绩效管理机构。

(四)指标考核。绩效管理机构组织有关部门、机构采集和整理评估信息,汇总和查访核实基础资料、数据,对被评估单位绩效指标完成情况进行考核、评价。

（五）满意度测评。由绩效管理机构组织有关机构,根据绩效评估内容设计服务对象测评表和社会公众问卷调查表,对被评估单位的绩效进行满意度测评,也可以委托具有一定资质的社会组织和机构进行。

（六）综合评估。由绩效管理机构对自我测评、指标考核、满意度测评结果进行复核和分析,形成评估结果,撰写评估报告。

（七）建立评估档案。

第二十三条 对政府及部门的满意度测评,应当从内部服务对象和外部服务对象两方面进行。

内部服务对象应当包括被评估单位所属系统的上级领导、同级部门、下级部门。

外部服务对象应当包括人大代表、政协委员以及其他社会公众。

第二十四条 年度绩效自评报告的内容应当包括绩效目标以及职责的完成情况、存在的问题及其原因、改进措施。

第二十五条 年度绩效评估报告由绩效管理机构组织相关人员撰写。

绩效评估报告的内容包括：

（一）绩效评估指标数据的获取情况。

（二）绩效目标的实现情况。

（三）实际业绩与绩效目标的比较。

（四）未完成绩效目标的情况及其原因。

（五）改进的意见和建议。

（六）绩效评估结果。

第二十六条 绩效评估报告应当提交绩效管理机构的本级人民政府审定。

第二十七条 年度绩效评估结束后,绩效管理机构应当拟定绩效考核意见、并出具绩效评估意见告知书。

绩效评估意见告知书应当载明绩效评估结果、绩效管理存在的问题及改进意见。

第二十八条 政府及部门对绩效评估结果有异议的,可以自收到绩效评估意见告知书之日起 7 个工作日内,向绩效管理机构申请复核。

绩效管理机构收到复核申请后,应当在 5 个工作日内组织专家和有关部门进行复核。并在 15 个工作日内作出复核决定。

第二十九条　绩效管理机构,政府及部门可以委托高等院校、科研机构、社会中介组织等第三方对政府及部门开展绩效评估。

高等院校、科研机构或者社会中介组织等也可以在未受委托的情况下,独立开展对政府及部门的绩效评估。

第三十条　开展绩效评估,应当全面、客观、准确地使用绩效信息,不得有选择地使用。

第四章　绩效信息

第三十一条　政府及部门应当准确、及时地收集绩效信息,建立绩效信息数据库。绩效信息的范围、形式、标准等,由市绩效管理机构统一制定。

第三十二条　本市的其他国家机关、事业单位等应当支持、配合绩效管理机构工作,并为其收集绩效信息提供便利。

第三十三条　政府及部门应当推进电子政务建设,提高绩效信息管理自动化、规范化水平。

第三十四条　绩效信息应当依法公开。

政府及部门应当建立绩效信息管理公共互动平台,为公众参与政府绩效管理提供便利。

第三十五条　政府及部门应当按照要求向绩效管理机构提供绩效信息,并对所提供绩效信息的真实性、合法性、有效性和完整性负责,不得拖延、拒绝、弄虚作假。

第三十六条　高等院校、科研机构或者社会中介组织等接受绩效管理机构或者政府及部门委托开展绩效评估的,应当对不属于依法应当公开的绩效信息予以保密,未经委托人同意,不得公开或者用于评估以外的其他事项。

评估机构未经委托人同意,不得公开评估报告、评估结果或者与评估结果有关的信息。

第三十七条　高等院校、科研机构或者社会中介组织,未经委托独立开展绩效评估的。应当使用依法公开的绩效信息。

第五章　绩效结果

第三十八条　绩效管理机构应当对无异议的绩效评估结果或者经复核确认的评估结果,按照政务公开有关规定向社会公布。

第三十九条　政府及部门应当根据绩效评估结果,采取措施,改进管理和服务,并向绩效管理机构反馈落实情况。

第四十条　绩效管理机构可以根据年度绩效评估情况,组织相关部门对涉及机构职能设置、权限分配、协调机制、经费投入、人员编制等事项,向本级人民政府提出改进建议。

第四十一条　政府及部门的绩效评估结果,应当作为政府及部门负责人职务任免、升降和工作人员奖励、问责的重要依据。

第四十二条　对政府及部门负责人和有关责任人员问责,可以采取下列方式进行:

(一)责令限期整改。

(二)责令作出书面检查。

(三)通报批评。

(四)调整工作岗位。

(五)责令辞职。

(六)建议降职或者免职。

(七)法律、法规规定的其他问责方式。

本条款规定的问责方式,可以单独或者合并适用。

第四十三条　市和区、县(市)人民政府应当在每年上半年向本级人民代表大会常务委员会报告上一年度开展绩效管理的情况。

第六章　法律责任

第四十四条　违反本条例规定有下列情形之一的,对政府及部门主要负责人和其他直接责任人,按照管理权限,依法给予行政处分;构成犯罪的,依法追究刑事责任。

(一)无正当理由未能按期完成上级机关确定由其承担的工作任务的。

(二)不正确执行上级机关依法作出的决策和部署,影响政府整体工作部署的。

(三)本部门工作效率低下,服务质量差,群众反映强烈的。

(四)未依法公开绩效信息,或者隐瞒事实真相、提供虚假绩效信息的。

(五)造成公共利益、行政管理相对人合法权益、国家财产严重损失的。

(六)违反财经纪律,情节严重的。

(七)发生重大决策失误的。

（八）因疏于管理、处置不当致使公共利益、行政管理相对人合法权益遭受严重损害的。

（九）阻挠、变相阻挠绩效管理机构依法行使管理权,或者拒绝按照规定提供有关资料、数据等绩效信息的。

（十）打击报复绩效管理机构工作人员的。

第四十五条　绩效管理工作人员滥用职权、玩忽职守、徇私舞弊、收受贿赂、泄露秘密或者有其他渎职、失职行为的,按照管理权限,依法给予行政处分;构成犯罪的,依法追究刑事责任。

第七章　附则

第四十六条　市人民政府应当依据本条例,制定具体实施办法。

第四十七条　本市乡、镇人民政府及其他机关、单位的绩效管理工作,可参照本条例执行。

第四十八条　本条例自2019年10月1日起施行。

附件 4

绩效评价调查问卷

索引号：

项目称谓：　　　　　受访人姓名：　　　　　提问人姓名：

主要项目内容	调查问题设计	是	否	不适用	评述
项目立项规范性程度	①项目是否依据规定的程序申请设立				
	②所提交的有关文件、材料是否符合既定要求				
	③事前是否已进行必要的可行性研究、专家研讨、风险评估、集体决策评估等				
绩效目标合理性程度	①是否符合国家现行法律法规、整体国民经济发展规划和地方党委政府决策内容				
	②是否与项目实施组织或委托单位职责密切联系				
	③项目是否为推动事业发展所必需				
	④有关项目应然预期产出效益和效果是否达到正常的业绩水平				
绩效指标明确性程度	①是否将既定项目绩效目标细化成了具体的绩效指标				
	②是否经由清晰、可衡量的指标体系予以体现				
	③是否与项目既定年度任务数或计划数相符合				
	④是否与预算明晰的项目投资额或资金量相适应				
资金到位率比例	①资金是否入账				
	②实际到位资金是否真正落实到具体项目的资金数额				
到位及时率比例	①到位是否及时率考量				
	②是否依据合同或项目进度要求时期落实到具体项目中				
管理制度健全性程度	①是否已制定或保留相应的业务管理制度规范				
	②有关业务管理制度是否切实合法、合规、完整				

续 表

主要项目内容	调查问题设计	是	否	不适用	评述
制度执行有效性程度	①是否严格遵照相关法律法规和业务管理方面的规定				
	②有关项目调整、改变及支出调整手续是否完备				
	③对应项目合同书、验收报告、有关技术鉴定等资料是否齐全				
	④有关项目实施的人员条件、所需场地设备、信息支撑等诸方面是否落实到位				
项目质量可控性程度	①是否已着手制定或已经具有相应的项目质量要求或规范				
	②是否采取了既定的项目质量检查、查看等必需的控制措施或方法				
管理制度健全性程度	①是否已制定或已经具有相应的项目资金适用管理办法				
	②有关项目资金管理办法是否照应相关财务会计制度的内容				
资金使用合规性程度	①是否符合国家有关财经法规和财务管理制度规定以及有关专项资金使用管理办法的规定内容				
	②资金的拨付是否有详备的审批程序和手续				
	③项目的重大开支是否历经评估认证过程				
	④是否符合项目预算批复制度或合同规定的用途要求				
	⑤是否存在截留、挤占、贪污、挪用、虚列支出等现象				
财务监控有效性程度	①是否已制定或已经具有相应的监控机制系统				
	②是否采取了必要的财务检查等相应的监控措施或方法				

续 表

主要项目内容	调查问题设计	是	否	不适用	评述
实际完成率比例	①项目目标确定的有关本年度或项目期内是否一直实现				
	②项目目标确定的有关本年度或项目期内是否一直未完成				
	③项目目标确定的有关本年度或项目期内是否良莠不齐				
完成及时率比例	①是否总是在规定时间内完成				
	②是否总是犹犹豫豫				
	③是否总是实现不了目标				
质量达标率比例	①是否质量总是不符合规定				
	②是否质量基本上符合规定				
	③是否总是超过质量既定数据				
成本节约率比例	①成本节约率等于[（计划成本−实际成本）除以计划成本]×100%				
	②有关实际成本：项目实施单位按时、保质、保量完成既定任务目标实际所耗费的付出				
	③有关计划成本：项目实施组织为完成工作目标内容安排的支出，一般以既定项目预算为模板				
经济效益达成度					
社会效益达成度					
生态效益达成度					
可持续影响范围					
社会公众或服务对象满意度衡量					